童孙未解供耕织，也傍桑阴学种瓜。

竹风荷雨来消暑,玉李冰瓜可疗饥。

快风消暑。
门近雨边梅子树。

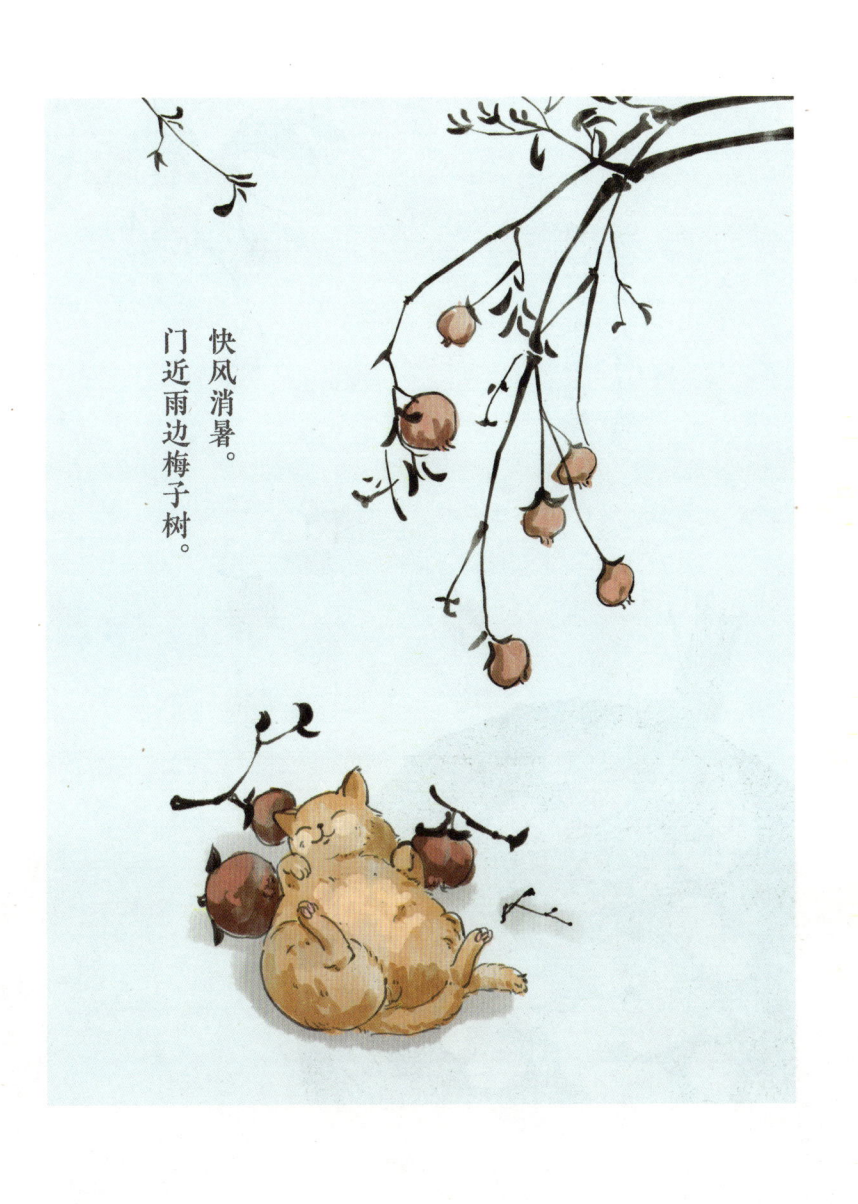

锦江近西烟水绿,
新雨山头荔枝熟。

树树皆秋色,
山山唯落晖。

欢笑有儿童。

半岭花衫粘唾碧,
一痕丹血搯肤红。

川口雨晴风复止,
蜻蜓上下鱼东西。

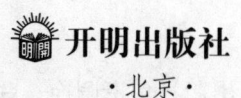

叶圣陶讲给孩子的写作课

③ 记事篇

叶圣陶 著

开明出版社
·北京·

图书在版编目（CIP）数据

叶圣陶讲给孩子的写作课. 记事篇 / 叶圣陶著. 北京：开明出版社，2025.7. -- ISBN 978-7-5131-9633-8

Ⅰ. G634.343

中国国家版本馆 CIP 数据核字第 2025F9J584 号

责任编辑：卓 玥

YESHENGTAO JIANGGEI HAIZI DE XIEZUOKE
叶圣陶讲给孩子的写作课

作 者：	叶圣陶 著
出 版：	开明出版社
	（北京市海淀区西三环北路25号 邮编100089）
印 刷：	三河市兴达印务有限公司
开 本：	880mm×1230mm 1/32
成品尺寸：	145mm×210mm
印 张：	44.5
字 数：	718千字
版 次：	2025年7月第1版
印 次：	2025年7月第1次印刷
定 价：	198.00元（全八册）

印刷、装订质量问题，出版社负责调换。联系电话：（010）88817647

目 录

叶圣陶精讲

002　谈叙事

008　背影

叶圣陶佳作展示

016　骨牌声

021　子恺的画

025　记佩弦来沪

032　卖白果

036　掮枪的生活

041　在朝鲜慰问期间的早晨

045　来自故乡的礼品

050　薪工

053　到吴淞去

058　战时琐记

061　乐山被炸

066　几种赠品

070　夏天的雨后

072　春联儿

077　骑马

083　我和商务印书馆

087　一课

095　地动

102　小蚬的回家

106　马铃瓜

130　半年

139　一桶水

157　儿童节

166　寒假的一天

叶圣陶精讲

谈叙事

照理说,凭着可见可知的事物说话作文,只要你认得清楚,辨得明白,说来写来该不会有错。

所谓可见可知的事物是已经存在的,或是已经发生的。好比一件东西摆在你面前,不用你自己创造出什么东西,可说可写的全在它自己身上。

虽说事物摆在面前,但是不一定就说得成写得成。事物两字是总称,分开来成两项:一项是经历一段时间的"事",一项是占据一块空间的"物"。要把"事"与"物"化为语言文字说出来写出来,使人家闻而可知,见而可晓,说话作文的人先得下"化"的功夫。如果"化"不来或者"化"不好,虽然事物摆在面前,现成不过,还是说不成写不成。

把经历一段时间的"事"化为语言文字,通常叫做叙事,这功夫并不艰难。语言文字从头一句到末了一句也经历一段时间,经历一段时间就有个先后次序,这个先后次序如果按照着"事"的先后次序,这就"化"过来了。

叙事的语言文字怎样才算好，起码的条件是使人家明白那"事"的先后次序。在先的先说先写，在后的后说后写，固然可以使人家明白；尤其要紧的，对于表明时间的语句一毫不可马虎。如果漏说漏写了，或者说得含糊，写得游移，就叫听的人看的人迷糊了。这儿不举例，请读者自己找几篇叙事文字来看，看那几篇文字怎样点明先后次序，怎样运用表明时间的语句。

按照"事"的先后次序叙事，那是常规。为着需要，有时候常规不能适用。譬如，叙事叙到某一个阶段，必须追叙从前的事方始明白。又如，一件事头绪纷繁，两方面三方面同时在那里进展，必须把几方面一一叙明。遇到这种情形，就不能死守着按照先后次序了。试举个例子（从茅盾所译的《人民是不朽的》录出）：

马利亚·铁木菲也芙娜·乞列特尼戍科，师委员的母亲，七十岁的黑脸的女人，准备离开她的故乡。邻人邀她在白天和他们同走，但是马利亚·铁木菲也芙娜正在烘烤那路上用的面包，要到晚上才能烤好。集体农场的主席却是预定次日一早走的，马利亚就决定和他同走。

若照次序先后叙下去，以下就该叙马利亚当夜怎样准备，次日怎样动身。但是读者还不知道马利亚带谁同走，她的以往经历怎么样，她舍不得离开故乡的心情怎么样。这些都有叙明的需要，于是非追叙不可了：

她的十一岁的孙子辽尼亚本来在基辅读书，战争爆发前三星期学校放假，辽尼亚从基辅来看望祖母，现在还没回去。开战以后，马利亚就得不到儿子的消息，现在决定带了孙子到喀山去，投奔她的儿媳妇的一个亲戚，儿媳妇是早三年就故世了。

辽尼亚回来看望马利亚，马利亚得不到儿子的消息，儿媳妇已经故世①，都是马利亚准备离开故乡以前的事。请注意"现在还没回去""现在决定带了孙子到喀山去""儿媳妇是早三年就故世了"这些语句。如果不用这些语句表明时间，非但次序先后搞不清楚，连事情的本身也弄不明白。

以下叙马利亚到基辅去的情形：

----

① 故世：去世。

从前，她的儿子常常请她到基辅和他同住在那大的公寓里……

叙她怎样在基辅各处游览，怎样因为儿子受到人们的尊敬。请注意"从前"两字，明明标明那是追叙。随后是：

一九四〇那一年，马利亚·铁木菲也芙娜生了一场病，不曾到儿子那里去。但在七月，儿子随军演习，顺路到母亲这里住了两天。这一次，儿子又请母亲搬到基辅去住……

于是在父亲的坟园里，母亲对儿子说了如下的话：

"你想想，我能够离开这里吗？我打算老死在这里了。你原谅我吧，我的儿。"

这里见出她是万万舍不得离开故乡的。请注意"一九四〇那一年"和"这一次"，也明明标明那是追叙。

接下去是：

而现在,她准备离开她这故乡了。动身的前夕,她去拜访她所熟识的一位老太太。辽尼亚和她一同去……

直到这里,在时间先后上才接上那头一节。其间追叙的部分计有七百字光景。那"而现在"三字仿佛一个符号,表示追叙的那部分已经完毕,直接头一节的叙写从此开始。

现在再举个例子(从《水浒》武松打虎那一回录出):

……跳出一只吊睛白额大虫来。武松见了,叫声"啊呀!"从青石上翻将下来,便拿那条哨棒在手里,闪在青石边。那大虫又饥又渴,把两只爪在地下略按一按,和身望上一扑,从半空里撺将下来。武松被那一惊,酒都做冷汗出了。说时迟,那时快,武松见大虫扑来,只一闪,闪在大虫背后。那大虫背后看人最难,便把前爪搭在地下,把腰胯一掀,掀将起来。武松只一闪,闪在一边。大虫见掀他不着,吼一声,却似半天里起个霹雳,震得那山冈也动,把这铁棒也似虎尾倒竖起来,只一剪。武松却又闪在一边。

这里大虫的一扑和武松的第一个一闪同时,大虫的一掀和武松的第二个一闪同时，大虫的一剪和武松的第三个一闪同时。同时发生的事情不能同时说出写出，自然只得叙了大虫又叙武松。单就大虫方面顺次叙，或是单就武松方面顺次叙，都无法叙明。叙述头绪纷繁的事情，也只该如此。

以上说的不是什么人为的作文方法，实在是说话想心思的自然规律。世间如果有所谓作文方法，也不过顺着说话想心思的自然规律加以说明而已。

背　影

朱自清

……父亲要到南京谋事，我也要回北京念书，我们便同行。到南京时，有朋友约去游逛，勾留了一日；第二日上午便须渡江到浦口，下午上车北去。父亲因为事忙，本已说定不送我，叫旅馆里一个熟识的茶房陪我同去。他再三嘱茶房，甚是仔细。但他终于不放心，怕茶房不妥帖；颇踌躇了一会。其实我那年已二十岁，北京已来往过两三次，是没有什么要紧的了。他踌躇了一会，终于决定还是自己送我去。我两三回劝他不必去；他只说，"不要紧，他们去不好！"

我们过了江，进了车站。我买票，他忙着照看行李。行李太多了，得向脚夫行些小费，才可过去。他便又忙着和他们讲价钱。我那时真是聪明过分，总觉他说话不大漂亮，非自己插嘴不可。但他终于讲定了价钱；就送我上车。他给我拣定了靠车门的一张椅子；我将他给我做的紫毛大衣铺好座位。他嘱我路上小心，夜里要警醒些,不要受凉。又嘱托茶房好好照应我。我心里暗笑他的迂;他们只认得钱,托他们直是白托!而且我这样大年纪的人,难道还不能料理自己么?唉,我现在想想,那时真是太聪明了!

我说道,"爸爸,你走吧。"他望车外看了看,说,"我买几个橘子去。你就在此地,不要走动。"我看那边月台的栅栏外有几个卖东西的等着顾客。走到那边月台,须穿过铁道,须跳下去又爬上去。父亲是一个胖子,走过去自然要费事些。我本来要去的,他不肯,只好让他去。我看见他戴着黑布小帽,穿着黑布大马褂,深青布棉袍,蹒跚地走到铁道边,慢慢探身下去,尚不大难。可是他穿过铁道,要爬上那边月台,就不容易了。他用两手攀着上面,两脚再向上缩;他把肥胖的身子向左微倾,显出努力的样子。这时我看见他的背影,我的泪很快地流下来了。我赶紧拭干了泪,怕他看见,也怕别人看见。我再向外看时,他已抱了朱红的橘子往回走了。过铁道时,他先将橘子散放在地上,自己慢慢爬下,再抱起橘子走。到这边时,我赶紧去搀他。他和我走到车上,将橘子一股脑儿放在我的皮大衣上。于是扑扑衣上的泥土,心里很轻松似的。过一会说,"我走了;到那边来信!"我望着他走去。他走了几步，回过头看见我，说，"进去吧，里边没人。"等他的背影混入来来往往的人里，再找不着了，我便进来坐下，我的眼泪又来了。

　　这篇《背影》，大家说是朱自清先生的好文章，各种初中国文教科书都选了它。现在我们选读它的中部。删去的头和尾，分量大约抵全篇的三分之一。

　　一篇文章印出来，都加得有句读符号。依着句读符号读下去，哪里该一小顿，哪里该一大顿，不会弄错。但是句中词与词间并没有什么符号，就得用我们的心思给它加上无形的符号，划分清楚。例如看见"父亲要到南京谋事"，就划分成"父亲——要——到——南京——谋事"，看见"我也要回北京念书"，就划分成"我——也——要——回——北京——念书"。这一番功夫要做得完全不错，先得逐一明白生字和难语。例如，"勾"字同"留"字，"踌"字同"躇"字，"蹒"字同"跚"字是不是连在一起的呢？"一股脑儿"是不是"一股的脑子"的意思呢？这等问题不解决，词就划分不来。解决这等问题有三个办法：一是凭自己的经验，一是查词典，一是请问别人。

　　词划分清楚了，还要能够辨明哪些是最主要的词。

例如读到"叫旅馆里一个熟识的茶房陪我同去",就知道最主要的词只是"叫——茶房——去",读到"我将他给我做的紫毛大衣铺好座位",就知道最主要的词只是"我——铺——座位"。能这样,就不致不明白或者误会文章的意思了。

这篇文章把父亲的背影作为主脑。父亲的背影原是作者常常看见的,现在写的却是使作者非常感动的那一个背影。那么,在什么时候、什么地方看见那一个背影,当然非交代明白不可。这篇文章先要叙明父亲和作者同到南京,父亲亲自送作者到火车上,就是为此。

有一层可以注意:父子两个到了南京,耽搁了一天,第二天渡江上车,也有大半天的时间,难道除了写出来的一些事情以外,再没有旁的事情吗?那一定有的,被朋友约去游逛不就是事情吗?然而只用一句话带过,并不把游逛的详细情形写出来,又是什么缘故?缘故很容易明白:游逛的事情和父亲的背影没有关系,所以不用写。凡是和父亲的背影没有关系的事情都不用写;凡是要写出来的事情都和父亲的背影有关系。

这篇文章叙述看见父亲的背影,非常感动,计有两回:一回在父亲去买橘子,爬上那边月台的时候;一回在父亲下车走去,混入来往的人群里头的时候。前一回把父亲的背影描写得很仔细：他身上穿什么衣服，他怎样走到铁道边，穿过铁道，怎样爬上那边月台，都依照当时眼见的写出来。在眼见这个背影的当儿，作者一定想到父亲不肯让自己去买橘子，仍旧把自己当小孩子看待，这和以前的不放心让茶房送，定要他亲自来送，以及他的忙着照看行李，和脚夫讲价钱，嘱托车上的茶房好好照应他的儿子等等行为是一贯的。作者一定又想到父亲为着爱惜儿子，情愿在铁道两边爬上爬下做一种几乎不能胜任的工作。这中间含蓄着一段多么感人的爱惜儿子的深情！以上这些意思当然可以写在文章里头，但是不写也一样，读者看了前面的叙述，看了对背影的描写已经能够领会到这些意思了。说话要没有多余的话，作文要没有多余的文句。既然读者自能领会到，那么明白写下反而是多余的了，所以不写，只写了"我的泪很快地流下来了"。后一回提到父亲的背影并不描写，只说"他的背影混入来来往往的人里，再找不着了"。这一个消失在人群里头的背影是爱惜他的儿子无微不至的，是再三叮咛舍不得和他的儿子分别的，但是现在不得不"混入来来往往的人里"去了。做儿子的想到这里，自然起一种莫名其妙的心绪，也说不清是悲酸还是惆怅。和前面所说的理由相同，这些意思也是读者能够领会到的，所以不写，只写了"我的眼泪又来了"。

到这里，全篇的主旨可以明白了。读一篇文章，如果不明白它的主旨，而只知道一点零零碎碎的事情，那就等于白读。这篇文章的主旨是什么呢？就是把父亲的背影作为叙述的主脑，从其间传出父亲爱惜儿子的一段深情。

这篇文章记父亲的话只有四处，都非常简单。并不是在分别的那一天，父亲只说了这几句简单的话，而是因为这几句简单的话都是深情的流露，所以特地记下来。在作者再三劝父亲不必亲自去送的当儿，父亲说，"不要紧，他们去不好！"在到了车上，作者请父亲回去的当儿，父亲说，"我买几个橘子去。你就在此地，不要走动。"在买来了橘子将要下车的当儿父亲说，"我走了；到那边来信！"在走了几步回过头来的当儿，父亲说，"进去吧，里边没人。"这里头含蓄着多少怜惜体贴、依依不舍的意思！我们读到这几句话，不但感到了这些意思，还仿佛所见了那位父亲当时的声音。

其次要说到叙述动作的地方。叙述一个人的动作当然先得看清楚他的动作。看清楚了，还得用最适当的话写出来才能使读者宛如看见这些动作一样。这篇文章叙述父亲去买橘子，从走过铁路去到回到车上来，动作不少。作者所用的话都很适当，排列又有条理，使我们宛如看见这些动作,还觉得那位父亲真做了一番艰难而愉快的工作。还有,所有叙述动作的地方都是实写,唯有加在"扑扑衣上的泥土"下面的"心里很轻松似的"一语是作者眼睛里看出来的,是虚写。这一语很有关系,把"扑扑衣上的泥土"的动作衬托得非常生动,而且把父亲情愿去做这一番艰难工作的心情完全点明白了。

有几处地方是作者说明自己的意思的:在叙述父亲要亲自去送的当儿,说自己"北京已来往过两三次"了;在叙述父亲和脚夫讲价钱的当儿,说自己"总觉他说话不大漂亮";在叙述父亲郑重嘱托车上的茶房的当儿,说自己"心里暗笑他的迂"。这些都有衬托的作用,可以看出父亲始终把作者看作一个还得保护的孩子,所以随时随地给他周到的照顾。至于"我那时真是聪明过分""那时真是太聪明了",那是作者事后省悟过来责备自己的意思。"聪明过分""太聪明了",换句话说就是"一点也不聪明"。为什么一点也不聪明?因为当时只觉得父亲"说话不大漂亮",暗笑父亲"迂",而不能够体贴父亲疼爱儿子的心情。

这篇文章通体干净,没有多余的话,没有多余的字眼,即使一个"的"字、一个"了"字也是必须用才用。多读几篇,自然有数。

叶圣陶佳作展示

骨牌声

走进里里,总弄的靠墙角的一盏盏电灯全都亮了,在第四盏灯底下,一张轻便的桌子斜角摆着,四个女人围着"打麻将"。她们不用扇扇子,也不在周身乱拍乱搔,像其他乘凉的人那样;大概暑气与蚊虫都与她们疏远了。

这使我想到伯祥近来的一夜的失眠。伯祥的屋子是带"跨街楼①"的,就把跨街楼作为卧室。那一晚他上床睡了,来了!就在楼底下送来倒出一盒骨牌的声音,接着就是抹牌的声音,碰牌的声音,人的说笑,惊喜,埋怨,随口骂詈②,种种的声音。先前医生给伯祥诊察过,说他的血浆比较薄,心脏不很强健;影响到心理,就形成感觉敏锐。这楼下的声音并不细微,当然立刻引起他的注意,蒙眬的倦意就消失了。声音继续不绝,他

---

① 跨街楼:联结街道两旁楼房而横跨在街道上空的楼。
② 骂詈(lì):斥骂。

似乎被强迫地一一去听，同时对于将要失眠了又怀着越来越凶的惴惴。楼下的人兴致不衰，一圈一圈打下去，直到炮车似的粪车动地震耳地推进里里来了，他们方才歇手。谁输谁赢自然是确定了，或者大家还觉得有点儿软软的倦意；但是他们必然料不到楼上的伯祥也陪着他们一夜不曾合眼。

在我家听力所及的四围的邻居中，也常常有通宵打牌的。我是出名的贪睡汉，并不曾因此失眠过一回，像伯祥那样。在我还没有睡的时候，听见他们抹牌，很不经意地想，"他们打牌了"，随后也就安然，躺下不多时，就睡熟了。偶尔半夜里醒来，又听见他们抹牌，朦朦胧胧地想，"他们还没有歇手呢"，一转身，又睡熟了。直到小女孩醒了，我似乎被她闹醒，看窗上已经布满含有希望的青光，这时候又听见他们抹牌，轻轻地，慢慢地，似乎乏力的样子；这才知道他们打了通宵的牌。

不是没有白天打牌的；据家里人说，日里头也常听见骨牌桌子相击的声音；不过我日里头在家的时候少，就觉得打牌的事总是夜里发生的多了，然而有几回回家吃午饭的时候，也曾听得拍拍劈劈的骨牌响。

有人说，"游戏而至于打麻将，可说最没有趣味的了；组织这么简单，一点儿用不着费心思，有什么好玩！"说这句话如果意在劝人不要打麻将，简直是不通世务的读书官人说的，明白的人决不会这么说。

现在先讲趣味。趣味是须经旁人判定的呢，还是在于本身的体会？这似乎无须讨论，当然，在于本身的体会；别人固然可以代我判定，但是没有办法使我与他同感。譬如别人尽可以向我说大蒜是最爽口的东西，但是我总觉得大蒜的恶臭不堪向迩[1]；别人又可以向我说这西瓜不好，不要吃吧，但是我总不肯舍弃，因为凡西瓜不论好坏我都爱吃：这有什么办法呢？

那些朝打牌夜打牌的男人，大概有个职业，他们认定职业是为着吃饭的，天生就一张嘴一副肠胃，就不能不从职业上弄到一点消费的材料；这里头颇含勉强的意思，即使有趣味也淡得很了；不然，为什么工人喜欢歇工，教员爱听放假呢？那些女人，大概担负大部的家务，她们认定家务是自己先天注定的重负，为男人，为孩子，为全家族，都是不可推诿的；这就未必是心甘情愿的了，似乎说不上有什么趣味；不然，为什么弄口电灯底下，常常有两三个女人在那里互诉家务的辛劳呢？

---

[1] 不堪向迩：不可接近。

至于一些游手好闲的男女,东家靠一靠就是一两点钟,西家坐一坐就是半天,谈些捉到几个臭虫,昨夜给蚊虫扰了一夜的事,实在也是莫可奈何,才做这种无聊的消遣,如果要他们说一声"这很有趣味",我猜想他们未必愿意答应吧。

  人总爱做点有趣味的事,借以消解种种的劳困与无聊。他们有什么事情可做呢?你说,为什么不去欣赏艺术?不错;但是欣赏须得有素养,他们有吗?你又说,为什么不去逛公园?不错;但是逛公园男的须穿起洋服,女的也须打扮得体面一点,这岂是人人办得到的事?房屋是丛墓的样子,三家四家的人统统砌在一楼一底里,身也转不得,更不用说北窗消暑,月院乘凉了。好在桌子是现成摆在那里的,骨牌是祖传或新置的,倒不如就此坐拢来,打这么八圈十二圈。心有所注,暑气全消了,蝇蚊也似乎远引了,趣味一。大家说打牌是写意("写意"是苏沪一带人常说的,含有漂亮、舒服、轻快、推开责任等等意思,这里指舒服)的事,现在居然身为写意的事,同大大小小的写意人一样,趣味二。或者幸运光临,还可以有赢到几个铜元几个银角子的希望,如同中了什么奖券的小彩,趣味三。谁说是没有趣味呢!

其次讲用心思，这尤其是简单不过的。你以用心思为有味，也许人家以不用心思为有味；彼此如果因此争论起来，结果当是谁也不能折服谁。况且向来不曾用过心思的，你定要他非用心思不可，岂不叫他头痛？他们说，麻将之所以使我们欢喜，就在于一点儿用不着费心思；你又有什么话说？

世间不通世务的读书官人究竟不多，做点有趣味的事这个观念究竟是普遍的，于是我们常常听见骨牌声了。

1924年8月16日作

原载《文学旬刊》第135期

子恺的画

推算起来大概是一九二五年的秋天,那时子恺在立达学园教西洋画,住天江湾。那一天振铎和愈之拉我到他家里去看他新画的画。

画都没有装裱,用图钉别在墙壁上,一幅挨一幅的,布满了客堂的三面墙壁。这是个相当简陋而又非常丰富的个人画展。

有许多幅,画题是一句诗或者一句词,像《卧看牵牛织女星》《翠拂行人首》《无言独上西楼》等等。有两幅,我至今还如在眼前。一幅是《今夜故人来不来,教人立尽梧桐影》。画面上有梧桐,有站在树下的人,耐人寻味的是斜拖在地上的长长的影子。另一幅是《人散后,一钩新月天如水》。画的是廊下栏杆旁的一张桌子,桌子上凌乱地放着茶壶茶杯。帘子卷着,天上只有一弯残月。夜深了,夜气凉了,乘凉聊天的人散了——画面表现的正是这些画不出来的情景。

此外的许多幅都是从现实生活中取材的,画孩子的特别多。记得有一幅《阿宝赤膊》,两条胳膊交叉护在胸前,只这么几笔,就把小女孩的不必要的娇养表现出来了。还有一幅《花生米不满足》,后来佩弦谈起过,说看了那孩子争多嫌少的神气,使他想起了"惫懒的儿时"。其实描写出内心的"不满足"的,也只是眼睛眉毛寥寥的几笔。

此外还有些什么,我记不清了;当时看画的还有谁,也记不清了。大家看着墙壁上的画说各自的看法。有时也发生一些争辩。子恺谢世后我写过一首怀念他的诗,有一句"漫画初探招共酌",记的就是那一天的事。"共酌"是共同斟酌①研讨,并不是说在子恺家里喝了酒。总之,大家都赞赏子恺的画,并且怂恿他选出一部分来印一册画集,那就是一九二五年底出版的《子恺漫画》。

那一天的欢愉是永远值得怀念的。子恺的画开辟了一个新的境界,给了我一种不曾有过的乐趣,这种乐趣超越了形似和神似的鉴赏,而达到相与会心的感受。就拿以诗句为题材的画来说吧,以前读这首诗这阕词的时候,心中也曾泛起过一个朦胧的意境,正是子恺的画笔

---

① 斟酌(zhēn zhuó):考虑事情、文字等是否可行或是否适当。

所抓住的。而在他,不是什么朦胧了,他已经用极其简练的笔墨,把那个意境表现在他的画幅上了。

从现实生活中取材的那些画,同样引起我的共鸣。有些事物我也曾注意过,可是转眼就忘记了;有些想法我也曾产生过,可是一会儿就丢开,不再去揣摩了。子恺却有非凡的能力把瞬间的感受抓住,经过提炼深化,把它永远保留在画幅上,使我看了不得不引起深思。

隔了一年多,子恺的第二本画集出版了,书名直截了当,就叫《子恺画集》。记得这第二本全都从现实生活取材,不再有诗句词句的题材了。当时我想过,这样也好,诗词是古代人写的,画得再好,终究是古代人的思想感情。"旧瓶"固然可以"装新酒",那可不是容易的事,弄得不好就会落入旧的窠臼。现实生活中可画的题材多得很,尤其是子恺,他非常善于抓住瞬间的感受,正该从这方面舒展他的才能。

佩弦的意见跟我差不多,他在《子恺画集》的跋文中说:"本集索性专载生活的速写,却觉精彩更多。"他称赞的《瞻瞻的车》和《阿宝两只脚,凳子四只脚》,这几幅都是我非常喜欢的。还有佩弦提到的《东洋和西洋》和《教育》,我也认为非常有意思。《东洋和西洋》画一个大出丧的行列,开路的扛着"肃静""回避"的行牌，来到十字路口，让指挥交通的印度巡捕给拦住，横路上正有汽车开过——东方的和西方的，封建的和殖民地的，在十字路口碰头了，真是耐人深思的一瞬间啊！《教育》画的是一个工匠在做泥人，他板着脸，把一团一团泥使劲往模子里按，按出来的是一式一样的泥人。是不是还有人在认真地做这个工匠那样的工作呢？直到现在，还值得我们深刻反省。

第二本画集里还有好些幅工整的钢笔画。其中的《挑荠菜》《断线鹞》《卖花女》，曾经引起当时在北京的佩弦对江南的怀念。我想，要是我再看这些幅画，一定会像佩弦一样怀念起江南、怀念起儿时来。扉页上还有一幅钢笔画，画一个蜘蛛网，粘着许多花瓣儿，中央却坐一个人。扉面背印上两句古人的词："檐外蛛丝网落花，也要留春住。"这样看来，蜘蛛网中央的人就是子恺自己了。他大概要说明，他画这些画，无非为了留住一些刹那间的感受。我连带想到，近来受了各方面的督促，常常要写些回忆老朋友的诗文，这就有点像子恺画在蜘蛛网中央的那个人了。

1981年7月2日作
原载《百科知识》第9期

记佩弦来沪

每回写信给佩弦，总要问几时来上海，觉得有许多的话要与他细谈。佩弦来了，一遇于菜馆，再遇于郑家，三是他来我家，四呢，就是送他到车站了。什么也没有谈，更说不到"细"，有如不相识的朋友，至多也只是"颠头朋友"那样，偶然碰见，说些今天到来明天动身的话以外，就只剩下默默相对了。也颇提示自己，正是满足愿望的机会，不要轻易放过。这自然要赶快开个谈话的端，然后蔓延不断地谈下去才对。然而什么是端呢？我开始觉得我所怀的愿望是空空的，有如灯笼壳子，我开始懊恼平时没有查问自己，究竟要与佩弦细谈些什么。端既没有，短短的时光又如影子那样移去无痕，于是若有所失地又"天各一方"了。

过几天后追想，我所以怀此愿望，以及未得满足而感到失望，乃因前此晤谈曾经得到愉悦之故。所谓愿望，实在并不是有这样那样的话非谈不可，只是希冀再能够得到从前那样的愉悦。晤谈的愉悦从哪里发生的呢？不在所谈的材料精微或重大，不在究极到底而得到结论（对这些固然也会感到愉悦，但不是我意所存），而在抒发的随意如闲云之自在，印证的密合如呼吸之相通，如佩弦所说的"促膝谈心，随兴之所至。时而上天，时而入地，时而论书，时而评画；时而纵谈时局，品鉴人伦，时而剖析玄理，密诉衷曲……"可谓随意之极致了。不比议事开会，即使没法解决，也总要勉强作个结论，又不比登台演说，虽明知牵强附会，也总要勉强把它编成章节。能说多少，要说多少，以及愿意怎样说，完全在自己手里，丝毫不受外力牵掣（chè）。这当儿，名誉的心是没有的，利益的心是没有的，顾忌欺诈等心也都没有，只为着表出内心而说话，说其所不得不说。在这样的进程中随伴地感到一种愉悦，其味甘而永，同于艺术家制作艺术品时所感到的。至于对谈的人，一定是无所不了解，无所不领会，真可说彼此"如见其肺肝然"的。一个说了这一面，又一个推阐到那一面，一个说如此如此，又一个从反面证明决不如彼如彼，这见得心与心正起共鸣，合为妙响。是何等的愉悦！即使一个说如此，又一个说不然，一个说我意云尔，又一个殊觉未必，因为没有名誉利益等等的心思在里头作祟（suì），所以羞愤之情是不会起的，驳诘（jié）到妙处，只觉得共同找到胜境似的，愉悦也是共同的。

这样的境界是可以偶遇而不可以特辟的。如其写个便条，说"月之某日，敬请驾临某地晤谈，各随兴趣之所至，务以感受愉悦为归"。到那时候，也许因为种种机缘的不凑合，终于没什么可说，兴味索然。就如我希望佩弦来上海，虽然不曾用便条相约，却颇怀着写便条的心理。结果如何呢？不是什么也没谈，若有所失地又"天各一方"了么？或在途中，或在斗室，或在临别以前的旅舍，或在久别初逢的码头，各无存心，随意倾吐，不觉枝蔓，实已繁多。忽焉念起：这不已沉入了晤谈的深永的境界里么？于是一缕愉悦的心情同时涌起，其滋味如初泡的碧螺春，回味刚才所说，一一隽永可喜，这尤其与茶味的比喻相类。但是，逢到这样愉悦是初非意料的。那一年岁尽日晚间，与佩弦同在杭州，起初觉得无聊，后来不知谈到了什么，兴趣好起来了，彼此都不肯就此休歇，电灯熄了，点起白蜡烛来，离开了憩坐室去到卧室，上床躺着还是谈，两床中间是一张双抽屉的桌子，桌上是两支白蜡烛。后来佩弦看了看时计，说一首小诗作成了，就念给我听：

除夜的两支摇摇的白烛光里，

我眼睁睁瞅着

一九二一年轻轻地踅过去了。

佩弦每次到上海总是慌忙的。颧颊的部分往往泛着桃花色；行步急遽①，仿佛有无量的事务在前头；遗失东西是常事，如去年之去，墨水笔和小刀都留在我的桌上。其实岂止来上海时，就是在学校里作课前的预备，他全神贯注，表现于外面的神态是十分紧张；到下了课，对于讲解的反省，答问的重温，又常常涨红了脸。佩弦欢喜用"旅路"之类的词儿，周作人先生称徐玉诺"永远的旅人的颜色"，如果借来形容佩弦的慌忙的神气，可谓巧合。我又想，可惜没有到过佩弦家里，看他辞别了旅路而家居的时候是不是也这样慌忙。但是我想起了"人生的旅路"的话，就觉得无须探看，"永远的旅人的颜色"大概是"永远的"了。

佩弦的慌忙，我以为该有一部分原因在他的认真。说一句话，不是徒然说话，要掏出真心来说；看一个人，不是徒然访问，要带着好意同去；推而至于讲解要学生领悟，答问要针锋相对：总之，不论一言一动，既

---

① 遽（jù）：仓促。

要自己感受喜悦，又要别人同沾美利（佩弦从来没有说起这些，全是我的揣度，但是我相信"虽不中不远矣"）。这样，就什么都不让随便滑过，什么都得认真。认真得利害，自然见得时间之暂忽。如何叫他不要慌忙呢？

看了佩弦的《"海阔天空"与"古今中外"》一文的人，见佩弦什么都要去赏鉴赏鉴，什么都要去尝尝味儿，或许以为他是一个工于玩世的人。这就错了。玩世是以物待物，高兴玩这件就玩这件，不高兴就丢在一边，态度是冷酷的。佩弦的情形岂是这样呢？佩弦并非玩世，是认真处世。认真处世是以有情待物，彼此接触，就以全生命交付，态度是热烈的。要谈到"生活的艺术"，我想只有认真处世的人才配，"玩世不恭"，光棍而已，艺术家云乎哉！——这几句就作佩弦那篇文字的"书后"，不知道他以为用得着否。

这回佩弦动身，我看他无改慌忙的故态。旅馆的小房间里，送行的客人随便谈说，佩弦一边听着，一边检这件看那件，似乎没甚头绪的模样。馆役唤来了，叫把新买的一部书包在铺盖里，因为箱子网篮都满满的了。佩弦帮着拉毯子的边幅，放了这一边又拉那一边，还有伯祥帮着，结果只打成个"跌塞铺盖"。于是佩弦把新裁的米通长衫穿起来，剪裁宽大，使我想起法师的道袍；他脸上带着小孩初穿新衣那样的骄意和羞态。一行人走出旅馆，招呼人力车，佩弦则时时回头向旅馆里面看。记认耶？告别耶？总之，这又见得他的"认真"了。

在车站，佩弦怅然地等待买票，又来回找寻送行李的馆役，在黄昏的灯光和朦胧的烟雾里，"旅人的颜色"可谓十足了。这使我想起前年的这个季节在这里送颉（jié）刚。颉刚也是什么都认真的，而在行旅中常现慌忙之态，也与佩弦一样。自从那回送别之后，还不曾见过颉刚，我深切地想念他了。

几个人着意搜寻，都以为行李太重，馆役沿路歇息，故而还没送到。哪知他们早已到了。就在我们团团转的那个地方的近旁。这可见佩弦慌忙得可以，而送行的人也无不异感塞住胸头。

为了行李过磅，我们共同看那个站员的鄙夷不屑的嘴脸。他没有礼貌，没有同情，呼叱（chì）似的喊出重量和运费的数目。我们何暇恼怒，只希望他对于无论什么人都是这个样子，即使是他的上司或者洋人。

幸而都弄清楚了，佩弦两手里只余一只小提箱和一个布包。"早点去占个座位吧"，大家对他这样说。他答应了，颠头，将欲回转身，重又颠头，脸相很窘，踌躇一会儿之后，他似乎下了大决心，转身径去，头也不回。没有一歇工夫，佩弦的米通长衫的背影就消失在站台的昏茫里了。

原载1925年9月20日《文学报》第192期

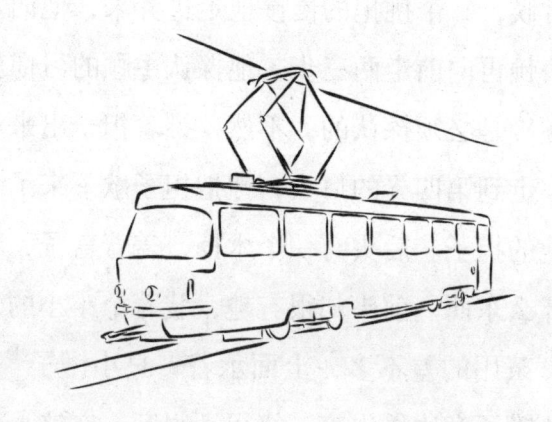

卖白果

　　总弄里边不知不觉笼上昏黄的暮色，一列电灯亮起来了。三三两两的男子和妇女站在各弄的口头，似乎很正经的样子，不知在谈些什么。几个孩子，穿鞋没拔上跟，他们互相追赶，鞋底擦着水门汀地，作"替替"的音响。

　　这时候，一个挑担的慢慢地走进弄来，他向左右观看，顿一顿再向前走两三步。他探认主顾的习惯就是如此。主顾确是必须探认的，不然，挑着担子出来难道是闲耍么？走到第四弄的口头，他把担子歇下来了。我们试看看他的担子。后头有一个木桶，盖着盖子，看不见盛的是什么东西。前头却很有趣，装着个小小的炉子，同我们烹茶用的差不多，上面承着一只小镬子[1]；瓣状的火焰从镬子旁边舔出来，烧得不很旺。在这暮色已浓的弄口，便构成个异样的情景。

---

[1] 镬（huò）子：锅。

他开了镬子的盖子，用一爿蚌壳在镬子里拨动，同时不很协调地唱起来了："新鲜热白果，要买就来数。"发音很高，又含有急促的意味。这一唱影响可不小，左弄右弄里的小孩子陆续奔出来了，他们已经神往于镬子里的小颗粒，大人在后面喊着慢点儿跑的声音，对于他们只是微茫的喃喃了。

据平昔的经验，听到叫卖白果的声音时，新凉已经接替了酷暑；扇子虽不至于就此遭到捐弃，总不是十二分时髦（máo）的了；因此，这叫卖声里似乎带着一阵凉意。今年入秋转热，回家来什么也不做，还是气闷，还是出汗。正在默默相对，仿佛要叹息着说莫可奈何之际，忽然送来这么带着凉意的一声两声，引起我片刻的幻想的快感，我真要感谢了。

这声音又使我回想到故乡的卖白果的。做这营生的当然不只是一个，但叫卖的声调却大致相似，悠扬而轻清，恰配作新凉的象征；比较这里上海的卖白果的叫卖声有味得多了。他们的唱句差不多成为儿歌，我小时候曾经受教于大人，也摹仿着他们的声调唱：

烫手热白果，
香又香来糯又糯；

一个铜钱买三颗,
三个铜钱买十颗。
要买就来数,
不买就挑过。

这真是粗俗的通常话,可是在静寂的夜间的深巷中,这样不徐不疾,不刚劲也不太柔软地唱出来,简直可以使人息心静虑,沉入享受美感的境界。本来,除开文艺,单从声音方面讲,凡是工人所唱的一切的歌,小贩呼唤的一切叫卖声,以及戏台上红面孔白面孔青衫长胡子所唱的戏曲,中间都颇有足以移情的。我们不必辨认他们唱的是些什么话,含着什么意思,单就那调声的抑扬徐疾送渡转折等等去吟味;也不必如考据家内行家那样用心,推究某种俚歌①源于什么,某种腔调是从前某老板的新声,特别可贵;只取足以悦我们的耳的,就多听它一会;这样,也就可以获得不少赏美的乐趣。如果歌唱的也就是极好的文艺,那当然更好,原是不待说明的。

这里上海的卖白果的叫卖声所以不及我故乡的,声

---

① 俚(lǐ)歌:民间歌谣。

调不怎么好自然是主因,而里中欠静寂,没有给它衬托,也有关系。弄里的零零碎碎的杂声,弄外马路上的汽车声,工厂里的机器声,搅和在一起,就无所谓静寂了。即使是神妙的音乐家,在这境界中演奏他生平的绝艺,也要打个很大的折扣,何况是不足道的卖白果的叫卖声呢。

但是它能引起我片刻的幻想的快感,总是可以感谢而且值得称道的。

1924年8月22日

原载《文学旬刊》第136期

掮枪的生活

我当中学生的时代在清朝末年，那时候厉行军国民教育，所以我受过三年多的军事训练。现在回想起来，旁的也没有什么，只那掮枪的生活倒是颇有兴味的。

我们那时候掮的是后膛枪，上了刺刀，大概有七八斤重。腰间围着皮带。皮带上系着两个长方形的皮匣子，在左右肋骨的部位，那是预备装子弹的。后面的左侧又系着刺刀的壳子。这样装束起来，俨然是个军人了。

我们平时操小队教练、中队教练，又操散兵线，左右两旁的伙伴离得特别开，或者直立预备放，或者跪倒预备放，或者卧倒预备放。当卧倒预备放的时候，胸、腹、四肢密贴着草和泥土，有一种说不出来的快感。待教师喊出"举枪——放！"的口令的时候，右手的食指在发弹机上这么一扳，更是极度兴奋的举动。

有时候我们练习冲锋，斜执着上了刺刀的枪，一拥而前。不但如此，还要冲上五六丈高的土堆；土堆的斜坡很有点儿陡峭,我们不顾,只是脚不点地地往上冲。嘴里还要呐喊:"啊!——啊!"宛然有千军万马的气势。谁第一个冲到土堆的顶上,就高举手里的枪,与教师手里的指挥刀一齐挥动,犹如占领了一座要塞。

有时候我们练习野外侦察,三个四个作一组,各走不同的道路,向田野或树林出发。如果是秋季的晴天,侦察就大有趣味。干草的甘味扑鼻而来;各种昆虫或前或后,飞飞歇歇,好像特地来与我们作伴;清水的池边,断栏的桥上,随处可以坐下来;阳光照在身上,不嫌其热,可是周身感到健康的快感。这当儿,我们差不多忘了教师讲的侦察时候应该注意些什么。我们高兴有这样的机会,从沉闷的教室里逃到空旷的原野里,作一回掮着枪的游散。

一年的乐事,秋季旅行为最。旅行的时候也用军法部勒①。一队有队长,一小队有小队长。步伐听军号,归队和散队听军号,吃饭听军号,早起夜眠也听军号。我有几个同级的好友是吹号打鼓的好手,每逢旅行,他们总排在队伍的前头,显耀他们的本领。我从他们那里受到熏染,知道吹号打鼓与其他技艺一样,造诣也颇有

---

① 部勒:约束。

深浅的差异；要沉着而又圆转，那才是真功夫。我略能鉴别吹奏的好坏；有几支军号的曲调至今还记得。

旅行不但捎枪束子弹带，还要向军营里借了粮食袋和水瓶来使用。粮食袋挂在左腰间，水瓶挂在右腰间，里头当然装满了内容物。这就颇有点儿累赘①了，然而我们都欢喜这样的装束，恨不得在背上再加个背包。其时枪也擦得特别干净，枪管乌乌的，枪柄上不留一点儿污迹，枪管子里面是人家看不见的，可是我们也用心擦，直擦到用一只眼睛窥看的时候，来复线条条闪亮，耀着青光，才肯罢手。

旅行到了目的地，或者从轮船上起岸，或者从火车上下来，我们总是排成四行的队伍，开着正步，昂然前进。校旗由排头笔直地执着，军号军鼓奏着悠扬的调子；步伐匀齐，没有一点儿错乱。人家没有留心看校旗上的字，往往说"哪里来的军队"。听了这个话，我们的精神更见振作，身躯挺得更直，步子也跨得更大。有一年秋季旅行，达到目的地已经是晚上八点过后，天下着大雨，地上到处是水潭。我们依然开正步，保持着队伍的整齐形式。一步一步差不多都落在水潭里，皮鞋里

---

① 累赘：拖累、麻烦。

完全灌满了水，衣服也湿透了，紧贴着皮肤。我们都以为这是有趣的佳遇，不感到难受。又有一年秋季，到南京去参观南洋劝业会①，正走进会场的正门，忽然来一阵点儿很大的急雨。我们好像没有这回事，立停，成双行向左转，报数，搭枪架，然后散开，到各个馆里去参观。第二天《会场日报》刊登特别记载：某某中学到来参观，完全是军队的模样，遇到阵雨，队伍绝不散乱，学生个个精神百倍，如是云云。我们都珍重这一则新闻记事，认为是这一次旅行的荣誉。

旅行时候的住宿又是一件有味的事。往往借一处地方，在屋子里平铺着稻草，就把带去的被褥摊在上面。睡眠的号声幽幽地吹起来时，大家蚱蜢似地窜向自己的铺位，解带子，脱衣服，都觉得异样新鲜，似乎从来没有做过的。一会儿熄灯的号声响了，就在一团黑暗里静待入睡。各人知道与许多伙伴在一起，差不多同睡在一张巨大的床上，所以并不感到凄寂。第二天醒来当然特别早，只等起身号的第一个音吹出，大家就站了起来，急急忙忙把自己打扮成个军人了。

---

① 南洋劝业会：1910年中国举办的第一次世界博览会，持续半年之久。

从前的掮枪生活,现在回想起来,颇带一些浪漫意味。这在当时主张军国民教育的人说来,自然是失败了。然而我们这批人的青年生活却因此得到了一些润泽。

原载1934年10月1日《中学生》杂志48号

在朝鲜慰问期间的早晨

"还有够叫人感动的呢,"他谈了在朝鲜慰问期间好些个激动心情的情景,舒了一口气,又这么说。

"每天清早醒来,准听见各种乐器的声音。我们团里那些搞音乐的起来特别早,他们赶清早的空闲时间温理各自的玩意儿。唢呐帝帝打打的,笛子嘘嘘禹禹的,小提琴咿咿呀呀的……既不是合奏,当然不协调,可是你要是单注意某一种乐器,就听得出那是毫不含糊的、丝丝入扣的演奏。

"不但一般搞音乐的团员,连名家也那样。我穿好衣服离床,总看见小提琴家马思聪把腮帮贴在琴面上,右手拨动琴弦,左手又灵活又稳重地按捺,在那里温理指法。瞧他那静心凝神的姿态,跟他在演奏会上完全一个样,仿佛除了音乐以外在他周围再没有旁的事物似的。

"一天早晨起来,正赶上程砚秋①在那里温理昆曲

---

① 程砚秋:1904—1958,京剧程派艺术的创始人,是京剧"四大名旦"之一。

《思凡》。您知道我是喜欢昆曲的,《思凡》尤其熟,通体背得出,这个机会当然不肯错过,就从'昔日有个目莲僧'直听到'却不道是快活煞了我'。他的唱毫不假借,把叹惋、反抗、企望、快乐的情绪全给表达出来。他为什么温理《思凡》呢?原来当天下午慰问大会上有他这个节目。

"搞歌唱的团员也有他们的早课。他们学唱朝鲜的歌儿,学唱志愿军的歌儿,或者聚在一块儿合唱,或者挺立在深秋的冷空气里放开嗓子独唱。他们自己带去好些歌儿还嫌不满足,他们要唱朝鲜的歌儿给朝鲜人民跟朝鲜人民军听,唱志愿军的歌儿给志愿军听,他们要尽量唱得到家,让听的人感到分外亲切。

"方才说的是音乐方面。再说每天早晨走出屋子,整个场上尽是些人在那里活动,几乎可以说百戏杂陈。搞舞蹈的团员练习各种舞蹈,《荷花灯》《花鼓灯》《采茶扑蝶》《匈牙利瓶舞》……这里一组,那里一组。骑自行车的,三四个人搭着一辆车在场上绕圈儿,跳下来,追上去,扭身曲腰地在车架间翻来翻去。舞狮子的,两个人饰红狮子,两个人饰绿狮子,绣球引到哪儿,狮子冲到哪儿,一会儿狮子跳上高高的桌子,在桌子上打滚,搔脖子,理尾巴毛……这些个您都见过,也不用细说。总之，每个人跟正式表演的时候同样卖力。

"我要说的是叫我感动的有两点。一点是我们那些个团员都愿意把最好的技艺贡献给人家。虽然是听听看看的玩意儿，听过看过也就完事，可是听得好与不好，看得好与不好，跟人家的关系太大了。听得好，看得好，人家的精神得到滋养，可以增长活力。听得不好，看得不好，人家就像吃了腐败的东西，即使不害什么病，至少也得倒胃口。我们那些个团员面对着朝鲜人民、朝鲜人民军、中国人民志愿军，非要把最好的技艺贡献给他们，让他们的精神得到滋养不可，他们那种艺术的良心跟国际主义、爱国主义的精神叫我淌了眼泪——告诉您，我对于通常所谓悲欢离合是绝不淌眼泪的。

"二一点是他们那种刻苦练习的精神。这几位名家各有成就，原因当然不止一个，可是其中必然有一个原因是刻苦练习。我在他们旁边曾经这么想，这个艺术家的心里恐怕永远不存'够了，可以应付一辈子了'的想头吧。再说咱们听一曲音乐，看一场表演，好像在那些艺术家是行所无事似的，换句话说，好像轻松得很，算不了一回事。不知道唯有经常不断地练习，才做得到行所无事。老话说'拳不离手，曲不离口'，我亲眼看见的那些人就是实践这个'不离'的拳家、曲家。他们实践里头有许多甘苦。要是咱们光欣赏他们的技艺,不体会他们实践这个'不离'的甘苦,就多少会减少敬爱他们、感激他们的心情。您说对不对?"

1954年2月14日作
原载《中学生》4月号

来自故乡的礼品

我因肝病住医院已经一年多了,至今没有痊愈。在此期间,视听衰退得厉害。亲戚朋友听说我病了,有的写信来慰问,有的来医院探望,也有给我送花的,送食物的,送补品的,还有送他们自己的新著的,关怀之深之切,叫我感激不尽。信我是没法读了,因为左眼已经失明,右眼也只能辨认朦胧的形象,总是儿子至善给我念了,由他代复。书当然没法看,只好让孙媳兀(wù)真在我右耳边慢慢地响亮地念给我听(盛情来访的亲友的谈话,也得由她同样地转述给我听),每天听一段两段,那位朋友好像就在对面,跟我娓娓而谈,慰我寂寞。

今年年初,民进开六届三中全会,谢孝思老同志从苏州来参加,苏州市刺绣研究所恳请他带来一幅我的肖像,是特地绣了送给我的。大家看了都说绣得非常之像,不但形似,而且传神;针法疏朗,色彩淡雅,像钢笔素描,又像蚀铜版画,可是线条保持着针绣的韵味。

听大家这样说，我想这幅绣像该称得上曲园先生赞美沈寿之作的所谓"神品"了。可惜我只能看到个模糊的轮廓，只能认出来绣的的确是我。至于大家说的色彩、针法、韵味，我只能想象得之了。

至善告诉我，一年以前苏州市刺绣研究所来要我的照片，说要给我绣肖像，他说刺绣的工程太大，代我再三辞谢，又感到盛情难却，终于把照片寄去了。刺绣研究所的来信上说，底稿是画师余克危同志的手笔，工艺师任嘒（huì）闲同志绣了四个月才完工。还打听到余克危同志是画西洋画的，年纪四十出头；任嘒闲同志是位年逾古稀的老太太，她绣我的肖像用了一种新的针法，叫做"虚实乱针绣"。

继承苏绣的传统又不拘泥于传统，探索各种绘画的表现手法，把握其特色为我所用，不断地丰富刺绣艺术，开拓刺绣艺术的新领域，都表明苏州市刺绣研究所名副其实在研究，绝非一个普通的刺绣工场。记得五十年代我第一次去参观，就看到了绒线绣。作品的色彩浓重而厚实，与油画相仿；材料用绒线，底子是亚麻布，都是苏绣从未用过的；可是按画稿的色彩捻成颜色和深浅各不相同的绒线，用紧密齐整的针脚布满在底子上，可又是苏绣的传统手法。当时正在绣制几幅大尺寸的出国展品，我想国际友人看了，也会赞叹不置的。

过几年再去参观，就看到了乱针绣。色彩明亮淡雅，说是水彩画吧，明明有线条，说是粉笔画吧，粉笔画的线条没有光彩，也没有这样细而直的。用的丝线也是按画稿上的色彩捻成的；针脚大多一寸来长，长于传统针脚的两三倍。最大的特点自然是乱，底子是缎子，布满了横七竖八的针脚，而传统的刺绣是一针挨着一针，排比得紧密而齐整的。可别以为乱就是乱来，无数横七竖八的针脚组成一幅画，这还不算，要像，又要传神，怎么可以乱来呢？每一针下去，走向，长短，都得比照着画稿反复端详，郑重又郑重。针法虽又是创新，认真细致的传统可没有改变。

苏州市刺绣研究所不但有经验丰富的老工艺师，还有好几位画师，有专长临摹的，有专长写生的。工艺师不断地有所创造，得力于跟画师的合作和互相切磋[1]。培养年轻人则绘画与刺绣并重，临摹与写生并重，继承与创新并重，这样的教学方法，我非常赞成。每次回苏州，我总要去刺绣研究所看看，好像探望老朋友一个样，看看他们又有了什么新进展新作品，分享他们创造

---

[1] 切磋（qiē cuō）：比喻相互商量、研讨。

的乐趣。

虚实乱针绣，毫无疑问是乱针绣的一个创新，乱针绣上加"虚实"二字，一定跟满幅的乱针绣有所不同。我辨不清差别在哪儿，就问至善。至善告诉我说，以前看到的乱针绣，画面布满了针脚，这幅绣像可不一样。不同层次的明暗用针脚的或疏或密来表现，因而有钢笔速写的味道。最明亮的部分留空，完全露出白色的缎子底子。如左半边脸的下方正好受光，这部分就留空，也不是绣一条细线来勾出脸的轮廓，而用绣在背景上的针脚把受光的部分衬托出来，看着更加自然。针脚密，横七竖八叠在一起，稍有差次还可以掩饰过去；这幅绣在高五十厘米、宽四十厘米的白缎子上的肖像，针脚那么少，那是一丝半缕也马虎不得的，怪不得大家看了都赞叹不绝口。

前边说过，至善说他感到苏州市刺绣研究所的盛情难却，还是把我的照片寄去了。现在绣像捎（shāo）来了，我当然异常激动，感谢无量。我感谢苏州市刺绣研究所，感谢画底稿的余克危同志，特别感谢辛劳了四个月的任嘒闲老工艺师，也感谢不嫌累赘，把这幅绣像带到北京的谢孝思老同志。

绣在画面上的固然是我的形象与姿态，可是，绣得这样妙肖，全由于工艺师的艺术修养与熟练技能。这样想来，这幅绣像能否完全属于我呢？还是那句话，由于盛情难却，我必得敬受，暂且保存。在最近的将来，一定要归回苏州市刺绣研究所珍藏。

1986年3月下旬作
原载1986年4月28日《瞭望》周刊海外版

薪　工

我记得第一次收受薪水时的心情。

校长先生把解开的纸包授给我，说："这里是先生的薪水，二十块，请点一点。"

我接在手里，重重的。白亮的银片连成的一段，似乎很长，仿佛一时间难以数清片数。这该是我收受的吗？我收受这许多不太僭越①吗？这样的疑问并不清楚地意识着，只是一种模糊的感觉通过我的全身，使我无所措地瞪视手里的银元，又抬起眼来瞪视校长先生的毫无感情的瘦脸。

收受薪水就等于收受于此相当的享受。在以前，我的享受全是父亲给的；但是从这一刻起，我自己取得若干的享受了。这是生活上的一个转变。我又仿佛不能自信：以偶然的机缘，便遇到这个转变，不要是梦幻吧？

---

① 僭（jiàn）越：指超越本分行事。

此后我幸未失业，每月收到薪水，习以为常，所以若无其事，拿到手就放进袋里。衣食住行一切都靠此享受到了，当然不复疑心是梦幻。可是在头脑空闲一点儿的时候，如果想到这方面去，仍不免有僭越之感。一切的享受都货真价实，是大众给我的，而我给大众的也能货真价实，不同于肥皂泡儿吗？这是很难断言的。

　　阅世渐深，我知道薪工阶级的被剥削确是实情，只要具有明澈的眼睛的人就看得透，这并不是什么深奥的学理。薪工阶级为自己的权利而抗争，也是理所当然。但是，如果用怠工等拆烂污①的办法来抗争，我以为是薪工阶级的缺德。一个人工作着工作着，广义地说，便是把自己的一份心力贡献给大众。你可以维护自己的权利，可以反抗不当的剥削，可是你不应该吝惜你自己的一份心力，让大众间接受到不利的影响。

　　在收受薪水的时候，固然不妨考量是不是收受得太少；而在从事工作的时候，却应该自问是不是贡献得欠多。我想，这可以作为薪工阶级的座右铭。我这么说，并不是替不劳而获的那些人保障利益。从薪工阶级的立

---

① 拆烂污：吴语方言，谚语，意思指做事苟且马虎、不负责任。

场说起来,不劳而获的那些人是该彻底地被消灭的。他们消灭之后,大家还是薪工阶级,而贡献心力也还是务期尽量的。

1934年9月1日发表

到吴淞去

五月一日那一天，我们到吴淞去，为的是达夫的订婚，好久不得达夫的消息，不知道他恋爱的故事已经完成了。前几天接到一封从吴淞来的信，信封讲究极了，压印着非常致密的图案花框，拆开一看，原来是达夫邀我们去参与订婚茶会的请柬，这才代他感到成功的欣悦。"去！去！"我们相互邀约，带着青年的兴奋的心情。

没料到五月一日正是阴历的三月廿八。我们走到天通庵车站，看见站台上挤满了人，他们匆忙而起劲，显然在期待着盛大的欢快，问询之后才知因为是阴历三月廿八，各处乡镇迎神赛会的日子。其实迎神赛会可说是农民的假期，恩惠无比的休闲游散的日子。过了这一天，农事要忙起来了，农民再也没有整整地玩一天的余裕了，所以把这一天做个总结束，游乐一个畅，高兴一个畅。无名无目举行一个盛会自然是他们不以为然的，于是归属到神的身上去：拥着神像在路上跑，实际上他们得到了结队游行的欣快；供起神像请它看戏，实际上他们得到了艺术欣赏的满足；分神胙（zuò），受福祐，实际上他们得到了亲朋会宴男女杂席的佳趣。在我们看来，这等事情似乎未免愚蠢。但是在不曾获得替代者以前，我们相信这等事情是必要的。

站台上的人是等车向江湾去的，因为江湾有极盛的神会。那些人不是工人，便是商伙；当然，没事做的少爷少奶老爷太太们是爱凑热闹的，现在有这么一个机会，如其没有更为有趣的消遣，就也得有他们的一份：于是农民的快乐的日子也成为农民以外的人狂呼欢跃的日子了。他们的心一齐向南面望着，希望火车的踪影早点儿显现，汽笛的音响早点儿传送过来。

不知谁最先听到了，又不知怎样地一传告，全站台的人哄然喊起："来了……"我们退得后一点儿，互相传告说，"等他们上了车我们再上，"因为我们买的是二等票。不一会儿车到站了，还没有停妥，大众就什么也不顾地涌上去，顿时见得异样地纷乱。车厢中立刻塞满了人，站台上还有大部分的人在那里乱挤。我们见等待未必有用，挣扎一番是难免的了，就也加入他们的群中。我的同伴居然挤上了头等车的脚踏——这时候真可比生死关头，只要有车，载得身体去，便无论如何要挤上去，还管什么拿的是几等票，上的是几等车。我有点儿着急，也想跟上去，却给成团结块的许多人一排挤，反而倒退了好几步。事情更不妙了，上不去车的人又来了一大群，大家见这头等车的门，毕竟是上车的通道，便一齐向着前挤。我就被困在中心了，力气小，不能向外展张，只好受人家的压迫；脚跟站不住了，前后左右只任别人的势力；汗早已渗出来了，呼吸也喘喘然了。好容易找到一个罅（xià）隙，我像囚犯一样逃出重围，退到群众的背后，才舒舒畅畅透了一口气。

车厢里真个满了，站台上还有好些人。站员没有法子，只好劝大家等下一趟车去，他预备扬起旗子，把口笛送进嘴里。我着急了，赶到他面前，把手中的车票给他看，说："我还没有上去，请你想个法子。"他平淡地笑着答道："实在没有位子，我也无法可想。"

我怅然回头，却看见车窗中露出的那些脸面，都现着快适且含有骄意的笑容。

我突地感觉自己的卑鄙，自己的无能，竟会做出这样的丑事。拿票子给站员看，请他想法子，不是心头蕴蓄着一句没有说出的话吗？假若把它说出来，就是："我买的二等票呢！我多出一倍的钱，总该给我一个坐位！不管别人挤不挤得下。"这真是个要不得的卑鄙的念头，竟萌生于我的心胸！

要有个位子，最平常而最光明的办法就是往上挤。用的是自己的气力；占的是一个人的地位——一个人总该有一个地位，可说是天赋的权利。这是何等平常，然而何等光明：到了目的地所领受的是满足希望的快感。车窗中露出的那些脸面都现着笑容，他们确然有笑的资格。不用气力，不往上挤，却想凭借旁的势力，如多出一倍的钱，如站员的设法而得到位子，如我所取的路径，那就只有被挤在后边，怅然看人家乘车而已。

将来的生活也应当是这样子；车辆固然希望它加多，而气力却必须各自出各自的，不出气力的人只配站到生活的道路的外边去。你若想凭借旁的势力，那时候旁的势力早化为幻影，至多平淡地笑着，对你说"我也无法可想"而已。我想，这样的生活才算公平。

以上只是我一瞬间的感想。一阵内愧过后，我醒悟了，除掉向上挤更无别法。这时候发现车员的公事房尚空，只站着十多个人，有好些人正向那边挤，我跑到那边用力顺着挤。

手握着了把手的铁条了，脚踏着一级踏脚板了，更一努力，居然挤进了这公事房。于是我能到吴淞去参与达夫订婚的茶会了。

原载1924年5月17日《文学旬刊》第122期，
原题为《到吴淞》

战时琐记

一月二十五日前后,闸北人家移居者纷纷。我家不曾打算过搬。一则看定当局必将屈服,既屈服,总不会有事情了。二则也颇不以那些抱头鼠窜的人为然,祸患将至,什么也不想,只有一个逃,未免卑怯;我们若无其事,仿佛给他们一个抗议。但是到了二十八日下午三点过后,全里差不多走光了。邻居周乔峰先生来说:"听说会冲突起来的,还是避避的好。"我们于是"动摇"了,扶老携幼走入租界。对于先前纷纷逃窜的人,我们是"五十步"。

那夜三点光景听得了枪声,非常的激动。激动,当然莫能自明其所以然。说是为着中国兵这才打了有意义的仗吧,也许有之,不过当时并不清晰地意识着。

随后几天里,听说粮食恐将不继;百业停顿,即本来有业的也暂时成为失业者:便想到《饥饿》那部小说里所写的情形。饥饿本已踏遍了中国的各地,现在踏到了富室豪商伟人政客所认为乐土的上海,中国会换一副面目吧。

平时执笔做一些编录工作，算是做事。至此才觉自己实无一事能做。裁缝师傅能替士兵制丝棉背心，看护小姐能为士兵包扎伤处。凡有实在技能的人都能间接参加这一回战役，唯执笔的人没有用。你说作宣传文字吗，士兵本身的行为的宣传力量比文字强千万倍呢。你说制作什么文艺品，表现抗争精神吗，中国却是一种书卖到一万本就算销数很了不得的国家。在这一点上，我以为执笔的人应该"没落"。

传闻总退却，不见报载而知其为真，那一天很难过。一位朋友说："既这样，闸北的人不是白牺牲！"我以为这倒不该这么说的。

领了公共租界工部局的"派司"，经过一道道日本守兵的检视，回到旧居去看看残破情形如何：这是闸北人共同的经历。我们也是这样。在将近里门的所在，日本兵检视"派司"后，知道我们要搬东西，用粉笔在我的衣襟上画了一个圆圈（是屋主人的符号，对于搬运夫则画三角形）。在这所在，我看见有好些端正着和顺的笑脸的人恭候那日本兵画圆圈的。

旧居中了猛烈的炮弹，三层门窗都不存了，墙上天花板上的粉饰也都震落下来。木器全毁，衣服有了枪弹孔。书籍埋在灰屑中，就把比较完整的捡出来。一只吃饭桌，榉（jǔ）木的，是祖传的家具，只有一个枪弹孔，到现在全家还在这桌子上吃饭。

原载1932年7月10日《文学月刊》第1卷2期

乐山被炸

日本飞机轰炸乐山的那一天,我在成都。成都也发了警报。我和徐中舒兄出了新西门,在田岸上走,为了让一个老婆子,我的右脚踹到稻田里去了,鞋袜都沾满了泥浆。一会儿我们的飞机起飞了,两架一起,三架一起,有的径往东南飞去,有的在晴朗的空中打圈子,也数不清起飞了多少架,只觉得飞机声把浓绿的大平原笼罩住了。田岸上的人一路走,时常抬起头来眯着眼望天空,待望见了一个银灰色的颗粒,感慰的兴奋的神色就浮上了脸,仿佛说,我们准备好了,你们来吧!

我们在一条溪沟旁边的竹林里坐了一点钟光景,又在中舒兄的朋友的草屋里歇了将近两点钟,并且吃了午饭,警报解除了,日本飞机没有来。哪知道就在这一段时间里,我们寄居的乐山城毁了大半,有两千以上的人丧失了生命。我的寓所也毁了,从书籍衣服到筷子碗盏,都烧成了灰;我的一家人慌忙逃难,从已经烧着了的屋子里,从静寂得不见一个人只见倒地的死尸的小巷子里,从日本飞机的机枪扫射之下,赶到了岷江边,渡过了江,沿着岸滩向北跑,一直跑了六七里路,又渡过江来到昌群兄家里,这才坐定下来喘一口气。

我和徐中舒兄回到城里,听到传说很多,泸州被炸了,自流井被炸了,提到的地方总有八九处。但是到了四点半的时候,就知道被炸的是乐山,消息从防空机关里传出来,而且派去看的飞机已经回来了,全城毁了四分之三,火还没有扑灭呢。那是千真万确的了,多数人以为该不至于被炸的乐山竟然被炸了。

为什么要轰炸乐山呢?乐山有唐朝时候雕凿的大佛,有相传是蛮子所居实在是汉朝人的墓穴的许多蛮洞,有凌云、乌尤两个古寺,有武汉大学,有将近十万居民,这些难道是轰炸的目标吗?打仗本来没有什么公定的规则,所谓不轰炸不设防城市,乃是从战斗的道德观念演绎出来的。光明的勇敢的战斗员都有这种道德观念。彼此准备停当了,你一拳来,我一脚去,实力比较来得的一方打倒了对方,那才是光荣的胜利。如果乘对方的不防备,突然冲过去对准要害就来个冷拳,那么即使把对方打得半死,得到的也只是耻辱而不是胜利,因为这个人违背了战斗的道德。多数住在乐山的人以为乐山该不至于被炸,一半就由于料想日本军人也有这种道德观念。他们似乎忘却了几乎每天的报纸都记载着的事例，要是不忘记那些事例，日本军人并没有这种道德观念是显然的。他们存着极端不真切的料想，又把自己的身家性命作为赌注，果然，他们输了。我是他们中间的一个，我也输了。

那一夜差不多没有阖眼。想我的寓所在岷江和大渡河合流的尖嘴上，那是日本飞机最先飞过的地方，决不会不被炸；想我家每次听见了警报总是守在寓里，不过江，也不往山野里跑，这回一定也是这样，那就不堪设想了；想日本飞机每次来轰炸，就有多少人死了父母，伤了妻子，人家的人都可以牺牲，我家的人哪有特别不应该牺牲的理由？但是，只要家里有一个人断了一条臂或者折了一条腿，那就是全家人永久的痛苦。如果情形比断一条臂折一条腿还要严重呢？如果不只是一个人而是几个人呢？如果老小六口都烧成了焦炭呢？我要排除那些可怕的想头，故意听窗外的秋虫声，分辨音调和音色的不同，可是没有用，分辨不到一分钟，虫声模糊了。那些可怕的想头又钻进心里来了。

第二天上午八点钟，一辆小汽车载着五个归心似箭的人开行了。沿路的景物，没有心绪看；公路上的石子弹起来，打着车底的钢板发响，也不再嫌它讨厌了；大家数着路旁的里程标，"走了几公里了，剩下几公里了"，这样屡次地说着。那些里程标好像搬动过了，往常的一公里似乎没有那么长。

总算把一百六十多个里程标数完了。从乱哄哄的人丛中，汽车开进了嘉乐门，心头深切地体验到"近乡情更怯，不敢问来人"的况味。忽然有人叫我，向我招手。定神看时，见是吴安真女士，"怎么样？"我慌张地问。

"你们一家人都好的，在贺昌群先生家里了。"听了这个话，我又深切地体验到"疑是梦里"并不是夸饰的修辞。

跑到昌群兄家里，见着老母以下六口，没有一个人流了一滴血，擦破了一处皮肤，那是我们的万幸。他们告诉我寓中一切都烧了；那是早在意料之中的事，我并不感到激动。他们告诉我逃难时候那种慌急狼狈的情形；我很懊悔到了成都去，没有同他们共尝这一份惶恐和辛苦。他们告诉我从火场中检出来的死尸将近上千了；那些人和我们一样，牺牲的机会在冥冥之中等候着，他们不幸竟碰上了，那比较听到一个朋友或是亲戚寻常病死的消息，我觉得难受得多。最后，他们告诉我在日本飞机还没飞走的时候，武大和技专的同学出动了，拆卸正在燃烧的房子，扛抬受了伤的人和断了气的尸体，真有奋不顾身的气概；听到这个话，我激动得流了泪。在成都听人说起那一回成都被炸，中央军校的全体同学立刻出动，努力救火救人，我也激动得流了泪。那是教育奏效的凭证，那是青年有为的凭证，把这种舍己为群的精神推广开来，什么事情做不成呢。

被炸以后的两个月中间，我家都忙着置备一切器物。新的寓所租定了，在城外一座小山下，就搬了进去。粗陶碗，毛竹筷子，一样可以吃饭；土布衣衫穿在身上，也没有什么不舒服；三间面对田野的矮屋，比以前多了好些阳光和清新空气。轰炸改变了我的什么呢？到现在事隔半年了，在曾经是闹市区的瓦砾堆上，又筑起了白木土墙的房屋，各种店铺都开出来了。和被炸的别处地方以及沦为战区的各地一样，还是没有一个人显得颓唐，怨恨到抗战的国策；这是说给日本军人听也不会相信的。

1940年2月9日作
原载1940年4月5日《中学生》战时半月刊20期

几种赠品

两个月前，接到厦门寄来一封信。拆开来看，是不相识的广洽和尚写的；附带赠给我一张弘一法师最近的相片。信上说我曾经写过那篇《两法师》，一定乐于得到弘一法师的相片。料知人家欢喜什么，就让人家享有那种欢喜，遥远的阻隔不管，彼此还没相识也不管！这种情谊是非常可感的。我立刻写信回答广洽和尚；说是谢，太浮俗了，我表示了永远感激的意思。

相片是六寸的，并非"艺术照相"，布局也平常，跟身旁放着茶几，茶几上供着花盆茶盅（zhōng）的那些相片差不多。寺院的石墙作为背景，正受阳光，显得很亮；靠左一个石库门，门开着，画面就有了乌黑的长方形。地上铺着石板，平，干净。近墙种一棵树，比石库门高一点儿，平行脉叶很阔大，不知道是什么；根旁用低低的石栏围成四方形，栏内透出些兰草似的东西。一张半桌放在树前面，铺着桌布；陈设的是两叠经典，一个装着画佛的镜框子，还有一个花瓶，瓶里插着菊科的小花。这真所谓一副拍照的架子；依弘一法师的艺术眼光看来，也许会嫌得太呆板了。然而他对不论什么都欢喜满足，人家给他这样布置了请他坐下来的时候，他大概连连地说"好的，好的"吧。他端坐在半桌的左边；披着袈裟，折痕很明显；右手露出在袖外，拈着佛珠；脚上还是穿着行脚僧的那种布缕纽成的鞋。他现在不留胡须了，嘴略微右歪，眼睛细小，两条眉毛距离得很远；比较前几年，他显得老了，可是他的微笑里透露出更多的慈祥。相片上题着十个字，"甲戌九月居晋水兰若造"，是他的亲笔；照相师给印在前方垂下来的桌布上，颇难看。然而，我想，他看见的时候，大概也是连连地说"好的，好的"吧。

收到了照片以后不多几天，弘一法师托人带来两个瓷碟子，送给丐尊先生跟我。郑重地封裹着，一张纸里面又是一张纸；纸面写上嘱咐的话，请带来的人不要重压。贴着碟子有个字条子："泉州土产瓷碟二个，绘画美丽，堪与和兰瓷媲（pì）美，以奉丐尊圣陶二居士清赏。一音。"书法极随便，不像他写经语佛号的字幅那样谨严，然而没有一笔败笔，通体秀美可爱。

瓷碟子的直径大约三寸，土质并不怎样好，涂上了釉，白里泛点儿青，跟上海缸甏①店里出卖的最便宜的

---

① 甏（bèng）：指瓮一类的器皿。

碗碟差不多。中心画着折枝；三簇叶子像竹叶，另外几簇却又像蔷薇；花三朵，都只有阔大的五六瓣，说不来像什么；一只鸟把半朵花掩没了，全身轮廓作半月形，翅膀跟脚都没有画。叶子着的淡绿；花跟鸟头，淡朱；鸟身和鸟眼是几乎辨不清的淡黄。从笔姿跟着色看，很像小学生的美术课成绩。和兰瓷是怎样的，我没有见过；只觉得这碟子比那些金边的画着工细的山水人物的可爱。可爱在哪里，贪图省力的回答自然只消说"古拙"二字；要说得精到些，恐怕还有旁的道理呢。

前面说起照片，现在再来记述一张照片。贺昌群先生游罢华山，寄给我一张十二寸的放大片。前几年他在上海，亲手照的相我见过好些，这一张该是他的"得意之作"了。

这一张是直幅，左边峭壁，右边白云，把画面斜分成两半。一条栈道从左下角伸出来，那是在山壁上凿成的仅能通过一个人的窄路；靠右歪斜地立着木栏杆，有几个人扶着木栏杆向上走。路一转往左，就只见深黑的一条裂缝；直到将近左上角，给略微突出的石壁遮没了。后面的石壁有三四处极大的凹陷，都深黑，使人想那些也许是古怪的洞穴。所有的石壁完全赤裸裸的，只后面的石壁的上部挺立着一丛柏树：枝条横生，疏疏落落地点缀着细叶，类似"国画"的笔法。右边半幅白云微微显出浓淡；右上角还有两搭极淡的山顶，这就不嫌寂寞，勾引人悠远的想象。——这里叫做长空栈，是华山有名的险峻处所。

最近接到金叶女士封寄的两颗红豆。附信大意说，家乡寄来一些红豆，同学看见了，一抢而光。这两颗还是偷偷地藏起来的，因为好玩，就寄给我。过一些时，还要变得鲜艳呢。从小读"红豆生南国"的诗，就知道红豆这个名称，可是没有见过实物。现在金叶女士使我长些见识，自然欢喜。

红豆作扁荷包形，跟大豆蚕豆绝不相像。皮朱红色，光泽；每面有不规则形的几搭略微显得淡些。一条洁白的脐生在荷包开口的部分，像小孩的指甲。红豆向来被称为树，而有这生在荚内的果实，大概是紫藤一般的藤本。豆粒很坚硬，听说可以久藏。如果拿来镶戒指，倒是别有意趣的。

这里记述了近来得到的几种赠品。比起名画跟古董来，这些东西尤其可贵，因为这些东西浸渍着深厚的情谊。

1935年作

夏天的雨后

逢到夏天，我们都欢迎下雨，因为下雨过后就有许多事情好玩。只等雨点一停，便跑到院子里或者外面低洼处去。刚下的雨水并不凉，赤着脚踏在里边，皮肤上起一种快感。彼此高兴地踏着水，把水溅起来，你溅了我一身，我溅了你一脸。偶然失脚滑跌，沾了满身的泥，引得旁人一阵哄笑。然而很少因此退缩的，哭的更没有了，多数是越跌越起劲；甚至有故意滑跌，博旁人一笑的。

拾蝉儿、捉青蛙也是雨后的有味事情。蝉儿经了雨，被冲到地上，伏在草丛中，不能飞动，很容易被拾到。拾了几只回来，放在篾丝笼里，随时听它们叫。青蛙平时难得到岸上来，雨后大概因为快活的缘故，多数蹲在草丛中呱呱地叫着。它们非常机警，跳跃也极灵活：一听见声响便急忙跳进水里。须得轻轻地走近去，眼快手准，出其不意地把它抓住。有时脚踏不稳，被青苔滑倒，沾了一身泥水；待爬起来，青蛙早就溜走了。

雨后钓鱼，那是更好了。镜子一样平的河水特别澄清碧绿，有时起一些细碎的波纹。杨柳的枝条倒挂下来拂着河面，点点的水珠时时从树上掉下来。鸟儿唱着轻快的歌。水草散出一种清爽的气息。我们一面下钓，一面玩赏这种画境，快活得说不出来。我们对于钓鱼，其实并不在行。有时看见浮子①动了，急忙掣起，却一无所有。有时掣起太迟了，被鱼儿白吃了饵去。有时鱼儿确已上了钩，却因掣起不得法，重又落在河里。然而有时也会钓得很大的鱼，我们便唱着喊着跑回来。

　　此外还可以采菌。那就非久雨之后不可，因为菌类须经多日的阴雨才会长出来。每逢久雨初停，村里常见有许多人到野外去采菌。于是我们也戴着草帽，提着竹篮，高高兴兴地跑到田里。不多一会工夫，就采满了一篮。回家来炒着吃，或者做汤、下面，味道都是很好的。所以每逢连朝下雨，我们就知道有一顿很好的午餐或者晚餐在那里等我们了。

1934年作

---

① 浮子：钓鱼时露在水面的漂浮物，用以观察是否有鱼上钩。

春联儿

　　出城回家常坐鸡公车。十来个推车的差不多全熟识了，只要望见靠坐在车座上的人影儿，或是那些抽叶子烟的烟杆儿，就辨得清谁是谁。其中有个老俞，最善于招揽主顾，见你远远儿走过去，就站起来打招呼，转过身子，拍拍草垫，把车柄儿提在手里。这就叫旁的车夫不好意思跟他竞争，主顾自然坐了他的。

　　老俞推车，一路跟你谈话。他原籍眉州，苏东坡的家乡，五世祖放过道台①，只因家道不好，到他手里流落到成都。他在队伍上当过差，到过雅州和打箭炉。他种过庄稼，利息薄，不够一家子吃的，把田退了，跟小儿子各推一挂鸡公车为生。大儿子在前方打国仗，由二等兵升到了排长，隔个把月二十来天就来封信，封封都是航空挂。他记不清那些时常改变的地名儿，往往说："他又调动了，调到什么地方——他信封上写得清清楚

---

① 道台：古代官职名，指地方长官。

楚，下回告诉你老师吧。"

约摸有三四回出城没遇见老俞。听旁的车夫说，老俞的小儿子胸口害了外症，他娘听信邻舍妇人家的话，没让老俞知道请医生给开了刀，不上三天就死了。老俞哭得好伤心，哭一阵子跟他老婆拼一阵子命。哭了大半天才想起收拾他儿子，把两口猪卖了买棺材。那两口猪本来打算腊月间卖，有了这本钱，他就可以做些小买卖，不再推鸡公车，如今可不成了。

一天，我又坐老俞的车。看他那模样儿，上下眼皮红红的，似乎喝过几两干酒，颧骨以下的面颊全陷了进去，左边陷进更深，嘴就见得歪了。他改变了往常的习惯，只顾推车，不开口说话，呼呼的喘息声越来越粗，我的胸口，也仿佛感到压迫。

"老师，我在这儿想，通常说因果报应，到底有没有的？"他终于开口了。

我知道他说这个话的所以然，回答他说有或者没有，同样嫌啰嗦，就含糊其辞应接道："有人说有的，我也不大清楚。"

"有的吗？我自己摸摸心，考问自己，没占过人家的便宜，没糟蹋过老天爷生下来的东西，连小鸡儿也没踩死过一只，为什么处罚我这样凶？老师，你看见的，长得结实干得活儿的一个孩儿,一下子没有了!莫非我干了什么恶事,自己不知道。我不知道,可以显个神通告诉我,不能马上处罚我!"

这跟《伯夷列传》里的"天之报施善人其何如哉!""倘所谓天道是耶非耶?"是同样的调子,我想。我不敢多问,随口说:"你把他埋了?"

"埋了,就在邻舍张家的地里。两口猪,卖了四千元,一千元的地价,三千元的棺材——只是几片薄板,像个火柴盒儿。"

"两口猪才卖得四千元。"

"腊月间卖当然不止,五千六千也卖得。如今是你去央求人家,人家买你的是帮你的忙,还论什么高啊低的。唉,说不得了,孩子死了,猪也卖了,先前想的只是个梦,往后还是推我的车子——独个儿推车子,推到老,推到死!"

我想起他跟我同岁,甲午生,平头五十,莫说推到死,就是再推上五年六年,未免太困苦了。于是转换话头,问他的大儿子最近有没有信来。

"有,有,前五天接了他的信。我回复他,告诉他弟弟死了,只怕送不到他手里,我寄了航空双挂号。我说如今只剩你一个了,你在外头要格外保重。打国仗的事情要紧,不能叫你回来,将来把东洋鬼子赶了出去,你赶紧就回来。"

"你明白。"我着实有些激动。

"我当然明白。国仗打不赢,谁也没有好日子过,第一要紧是把国仗打赢,旁的都在其次。——他信上说,这回作战,他们一排弟兄,轻机关枪夺了三挺,东洋鬼子活捉了五个,只两个弟兄受了伤,都在腿上,没关系。老师,我那儿子有这么一手,也亏他的。"

他又琐琐碎碎地告诉我他儿子信上其他的话,吃些什么,宿在哪儿,那边的米价多少,老百姓怎么样,上个月抽空儿自己缝了一件小汗褂,鬼子的皮鞋穿上脚不及草鞋轻便,等等。我猜他把那封信总该看了几十遍,每个字都让他嚼得稀烂,消化了。

他似乎暂时忘了他的小儿子。

新年将近,老俞要我给他拟一副春联儿,由他自己去写,贴在门上。他说好几年没贴春联儿了,这会子非要贴它一副,洗刷洗刷晦气。我就给他拟了一副:

有子荷戈庶无愧
为人推毂亦复佳

约略给他解释一下，他自去写了。

有一回我又坐他的车，他提起步子就说："你老师给我拟的那副春联儿，书塾里老师仔细讲给我听了。好，确实好，切，切得很，就是我要说的话。有个儿子在前方打国仗，总算对得起国家。推鸡公车，气力换饭吃，比哪一行正经行业都不差。老师，你是不是这个意思？"

我回转身子点点头。

"你老师真是摸到了人家心窝里，哈哈！"

1944年5月22日

骑　马

　　我小时候，苏州地方还没有人力车，代步的是轿子和船。一些墙门人家的女眷（juàn），即便要去的地方就在本城，出门总要依靠这两种交通工具。男人呢，为了比较体面的庆吊①应酬，出门大都坐轿子，往城外乡间去上坟访友大都坐船，平时出门，好在至多不过三四条巷，那就走走罢了。

　　那时候已经通行了脚踏车，可是很少见。骑脚踏车的无非是教会里的外国人，以及到过上海得风气之先的时髦小伙子。偶然看见一个人骑着脚踏车在铺着小石块的路上经过，抖抖抖抖的似乎要把浑身的骨节都震得发酸，在几乎肩贴肩走着的两个人中间，只这么一闪就擦过去了：这使大家感到新奇，不免停下脚步回过头去望那好像只有一片的背影。

　　与脚踏车一样需要自己驾驭的，还有驴子和马。可

---

① 庆吊：指庆贺与吊慰。

是骑驴子和马，意义不纯在代步，把它当作玩意儿的居多。骑了驴子往玄妙观去吧，骑了马往虎丘去吧，并不为玄妙观和虎丘路远走不动，却在于借此题目尝一尝控纵驰骋的快乐。

一般人对于驴子和马，用两样的眼光来看待。驴子，那长耳朵的灰黑色的畜生，饲养它的只是借此为生的驴夫，一匹驴子又不值几个钱，所以大家不把它看作奢侈品。无论是谁，骑骑驴子，还不至于惹人非议。马，那昂然不群的畜生，可不同了，虽然多数的马也由马夫饲养，但是很有几个浮华的少爷名门的败家子也养着马，所以大家都把马看作要不得的奢侈品。谁如果骑着马在路上经过，有些相识的人就不免窃窃私议，某人堕落了，他竟骑起马来了。这种想法，在别的事例上也常常可见。从前我们地方一些规矩人都不爱穿广东的拷绸，因为拷绸是所谓"流氓"之类惯用的衣料。马既是浮华的少爷名门的败家子的玩意儿，规矩的有教养的人当然不应该骑：这好像是很周密的推理。

当时我们一班中学生可没有顾到这一层，一时高兴，竟兴起了骑马的风尚。原由是有一个同学在陆军小学呆过一年，他会骑马，把骑马的趣味说得天花乱坠，大家听得痒痒的，都想亲自试一试。刚好学校近旁有一片兵营里的校场，校场东边是一条宽阔的道路，两旁栽着柳树，正是试马的好所在。马夫养马的草棚又正在校场的西北角，花一角钱，就可以去牵一匹出来，骑它一个钟头。于是你也去试骑，我也去试骑，最盛的时候竟有二十多人同时玩这宗新鲜玩意儿。

现在马背上大都用西式皮鞍子了，从前却用木鞍子。十三四岁的人，站在平地，头顶就高出木鞍子不多，要用两手按着鞍子，左脚踏在踏镫①里，让身子顺势一耸跨上马背，这是一连串并不容易的动作。马好像知道骑马的人本领的高低似的，生手跨上去，它就歪着头只是将身子旋转，这又是很难制服的。这当儿，马夫和朋友的帮助自属必要了，拉缰绳的拉缰绳，托身子的托身子，一阵子的乱嚷嚷，生手居然坐上了鞍子。于是把缰绳接在手里，另一只手按着鞍子，再也不敢放松。那畜生如果是比较驯良的，以为一切都已停当，肯规规矩矩走这么几步，初学的人就心花怒放了。

但是这样按着鞍子骑马叫做"请判官头"，是最不漂亮的姿势。多骑了几回，自然想把手放松，不再去"请"那"判官头"。同时拉缰绳的一只手也要学着去

---

① 踏镫（tà dèng）：指挂在马鞍子两旁供骑马人踏脚的东西。

测验马的"口劲",试探马的脾气,准备在放松一点儿或是扣紧一点儿的几微之间操纵胯下的畜生。

通常以为骑马就是让屁股服服帖帖坐在鞍子上。其实不然,得在大腿里侧用劲,把马背夹住,屁股部分却是脱空的。如果不用腿劲,在马"跑开"的时候不免要倒翻下来,两只脚虽然踏在踏镫里,也没有多大用处。这腿劲自然要从锻炼得来。我骑了好几回马,腿劲未见增强多少,可是站到地上,坐到椅子上,只觉得两条腿和腰部都是僵僵的了。

让马走慢步,称为"骑老爷马",最没有趣味。那是一步一拍的步调,马头一颠一颠的,与婚丧的仪仗中执事人员所骑的马一样。我们都不爱"骑老爷马",至少得叫它"小走"。"小走"是较为急促的步调,说得过甚些,前后左右四个蹄几乎同时离地,也几乎同时着地。各匹马的脾气不同,有的须把缰绳放松,有的却须扣紧;有的须略一放松随即扣紧,有的却须向上一提,让它的头偏左或是偏右一点儿;只要摸着它的脾气,它就会了意,开始"小走"了。好的马四条腿虽然在急速地运动,身子可绝不转侧,总是很平稳地前进。骑到这样的马是一种愉快,挺着身躯,平稳地急速地向前,耳朵旁边响着飕(sōu)飕的风,柳树的枝条拂着头顶和肩膀,于是仿佛觉得跑进了古人什么诗句的境界中了。

至于"跑开",那又是另一种步调:前面两个蹄同时着地,随即后面两个蹄离地移前,同时着地,接着前面两个蹄又同时跨出去了。这里所谓着地实在并不"着",只能说是非常轻快地在地上"点"一下。在前面两个蹄点地和后面两个蹄点地之间,时间是极其短促的。这当儿,马身一高一低,约略成一条曲线前进。骑马的人一高一低地飞一般地向前,当然爽快不过,有凌云腾空的气概。但是腿劲如果差点儿,这种爽快很难尝试,尝试的时候不免要吃亏。

　　有一回,我就这样从马上摔了下来。那一天,我跟在那个进过陆军小学的同学的后面,在我背后还有好几匹马。起初是"小走",忽然前面的那个同学把缰绳一扣,他的马开始"跑开"了。我的马立即也换了步调。我没有提防,大概马跑了两三步,我就往左侧里倒翻下来。后面的几匹马怎么一脚也不曾踩着我,我至今还不明白。当时如果有一个马蹄踩着我的脑壳或是胸膛,我的生命早在中学二年级时候结束了。

　　我摔了下来就不省人事,醒来的时候,很觉得奇怪,我是通学生,怎么睡在寄宿舍里的一张床上!又好像时间很晚了,已经吃过晚饭。其实还是上午十一点过后,我只昏迷了一点钟多一点儿。想了一会,才把刚才的事想起来。坐起来试试,虽然没有什么痛苦,只觉得浑身软软的，像病后起身的光景。我赶紧跑回家，像平时一样吃午饭，绝不提摔跤的事——在外面骑马，我从来不曾在父母面前提起过。直到前几年，儿子在外面试着骑马，回来谈他的新经验，我才把那回摔跤的事说出来。母亲听了，微皱着眉头说："你不回来说，我们在家里哪里知道这种危险的事，还是不要去试的好。"她现在为孙儿担心了。

当时我们骑马，现在想起来，在教师该是桩讨厌的事儿。那时候学校比较放任，校长是一个自以为维新的人物，虽然不曾明白提倡骑马，对于其他运动却颇着力鼓励。七八匹马在学校墙边跑过，铃声蹄声闹成一片，他不会绝不知道。他为什么不禁止呢？大概以为这也是一项运动，不妨任学生去练习吧。但是多数教师却受累了。他们有一般人的偏见，以为骑马是不端的行为，眼睁睁地看学生骑着马在旁边跑过，总似乎有失体统。于是有故意低着头走过去，假作不知道马背上是什么人的，也有远远望见学生的马队在前面跑来，立刻回身，或者转向从别一条路走去的。他们一定在怨恨学生，为什么不肯体谅教师，离开学校远一点儿去练习你们的骑术呢！

1937年6月25日发表

我和商务印书馆

如果有人问起我的职业，我就告诉他：我当过教员，又当过编辑，当编辑的年月比当教员多得多。现在眼睛坏了，连笔划也分辨不清了，有时候免不了还要改一些短稿，自己没法看，只能听别人念。

做编辑工作是进了商务印书馆才学的。记得第一次校对，我把校样读了一遍，不曾对原稿，校样上漏了一大段，我竟没有发现。一位专职校对看出来了，他用红笔在校样上批了几个字退回给我。弄得我很不好意思。我才知道编辑不好当，丝毫马虎不得，必须认认真真一边干一边学。

我进商务是一九二三年春天，朱经农先生介绍的。朱先生当时在编译所当国文部和史地部的主任。我在国文部，跟顾颉刚兄一同编《新学制中学国文课本》。这套课本的第一册是另外几位编的，其中有周予同兄。我参与了那时候颁发的"新学制中学国文课程标准"的拟订工作。

一九二七年六月，郑振铎兄去欧洲游历，我代他编《小说月报》，跟徐调孚兄合作。商务办了十几种杂志，除了大型的综合性的《东方杂志》人比较多，有十好几位，其余的每种杂志只有四位。《小说月报》除了调孚兄和我，还有两位管杂务的先生。他们偶尔也看校样，但是不能让人放心。

那时正是大革命之后，时代的激荡当然会在文学的领域里反映出来。那两年里，《小说月报》上出现了许多有新意的作品，也出现了许多新的名字，最惹人注意的是茅盾、巴金和丁玲。当时大家不知道茅盾就是沈雁冰兄。他过去不写小说，只介绍国外的作品和理论。巴金和丁玲两位都不相识，是以后才见面的。

等振铎兄从欧洲回来，休息了一些日子，我就把《小说月报》的工作交回给他，回到国文部编《学生国学丛书》，时间记不太准，总在一九二九年上半年。到第二年下半年，我又去编《妇女杂志》，跟金仲华兄合作。一九三一年初，开明书店创办《中学生》杂志，过了不久，夏丏尊先生、章锡琛先生要我去帮忙，我就离开了商务。我在商务当编辑一共八个年头。

商务创办于一八九八年，老板是几位印《圣经》发家的工人；两年以后，维新派的知识分子参加进去，成立了编译所，一个编译、印刷、发行三者联合的文化企业就初具规模了。后来业务逐渐发展，就编译和出版的书籍杂志来说，文史哲理工医音体美，无所不包；有专门的，有通俗的，甚至有特地供家庭妇女和学前儿童阅读的。此外还贩卖国外的书刊、贩卖各种文具和体育器械，还制造仪器标本和教学用品供应各级学校，甚至还摄制影片，包括科教片和故事片。业务方面之广和服务对象之广，现在的任何一家出版社都不能和商务相比。商务的这个特点，现在不大有人说起了。

商务的编译所是知识分子汇集的地方，人员最多的时候有三百多位。早期留美回来的任鸿隽、竺可桢、朱经农、吴致觉诸先生，留日回来的郑贞文、周昌寿、李石岑、何公敢诸先生，都在商务的编译所工作过。稍后创办的几家出版业如中华、世界、大东、开明，骨干大多是从商务出来的；还有许多印刷厂装订厂，情形也大多相同。可以这样说，商务为我国的出版事业，从各方面培养了大批技术力量。

有趣的是一九四九年十月新中国成立，政务院有个管出版事业的直属机构叫出版总署，胡愈老任署长，周建老和我任副署长，二十多年前在商务编译所共事的老朋友又聚在一起了。后来人民教育出版社成立，我兼任社长。一九五四年九月,出版总署撤销,这一摊工作并入文化部。胡愈老调到文化部,出版工作仍旧由他主管;我调到教育部,主要还是在人民教育出版社做编辑工作。这一二十年来,老朋友过世的不少,周建老、胡愈老和我还健在。有人说,做出版工作的人就是长寿。

1982年元旦

一 课

　　上课的钟声叫他随着许多同学走进教室里,这个他是习惯了,不用思虑,纯由两条腿做主宰。他是个活动的孩子,两颗乌黑的眼珠流转不停,表示他在那里不绝地想他爱想的念头。他手里拿着一个盛烟卷的小匣子,里面有几张嫩绿的桑叶,有许多细小而灰白色的蚕附着在上面呢。他不将匣子摆在书桌上,两个膝盖便是他的第二张桌子。他开了匣盖,眼睛极自然地俯视,心魂便随着眼睛加入小蚕的群里,仿佛他也是一条小蚕:他踏在光洁鲜绿的地毯上,尝那甘美香嫩的食品,何等的快乐啊!那些同伴极和气的样子,穿了灰白色的舞衣,做各种婉娈①优美的舞蹈,何等的可亲啊!

　　许多同学,也有和他同一情形,看匣子里的小生命的;也有彼此笑语,忘形而发出大声的;也有离了坐位,起来徘徊眺望的。总之,全室的儿童没有一个不

---

① 婉娈(luán):形容姿态美好。

动,没有一个不专注心灵在某一件事。倘若有大绘画家,大音乐家,大文学家,或用彩色,或用声音,或用文字,把他们此刻的心灵表现出来,没有不成绝妙的艺术,而且可以通用一个题目,叫做"动的生命"。然而他哪里觉察环绕他的是这么一种现象,而自己也是动的生命的一个呢?他自己是变更了,不是他平日的自己,只是一条小蚕。

冷峻的面容,沉重的脚步声,一阵历乱的脚声,触着桌椅声,身躯轻轻地移动声——忽然全归于寂静,这使他由小蚕回复到自己。他看见那位方先生——教理科的——来了,才极随便地从抽屉中取出一本完整洁白的理科教科书,摊在书桌上。那个储藏着小生命的匣子,现在是不能拿在手中了。他乘抽屉没关上,便极敏捷地将匣子放在里面。这等动作,他有积年的经验,所以绝不会使别人觉察。

他手里不拿什么东西了,他连绵的深沉的思虑却开始了。他预算摘到的嫩桑叶可以供给那些小蚕吃到明天。便想,"明天必得去采,同王复一块儿去采。"他立时想起了卢元,他的最亲爱的小友,和王复一样,平时他们三个一同出进,一同玩耍,连一歌一笑都互相应和。他想,"那位陆先生为什么定要卢元买这本英文书？他和我合用一本书，而且考问的时候他都能答出来，那就好了。"

一种又重又高的语音振动着室内的空气，传播开来，"天空的星，分做两种：位置固定，并且能够发光的，叫做恒星；旋转不定，又不能发光的，叫做行星……"

这语音虽然高，送到他的耳朵里便化而为低——距离非常远呢。只有模模糊糊断断续续的几个声音"星……恒星……光……行星"他可以听见。他也不想听明白那些，只继续他的沉思。"先生越要他买，他只是答应，略微点一点头，偏偏不买。我也曾劝他，'你买了吧，省得陆先生天天寻着你发怒，'他也只点一点头。那一天，陆先生的话真使我不懂，什么叫'没有书求什么学'？什么叫'不配'？我从没见卢元动过怒，他听到这几句话的时候却怒了。他的面庞红得像醉汉，发鬓的近旁青筋胀了起来，眼睛里淌下泪来。他挺直了身躯，很响地说：'我没有书，不配在这里求学，我明白了！但是我还是要求学，世界上总有一个容许我求学的地方！'当时大家都呆了，陆先生也呆了。"

"……轨道……不会差错……周而复始……地球……"那些语音又轻轻地激动他的鼓膜。

"不料他竟实行了他的话。第二天他就没来,一连几天没来。我到他家里去看他,他母亲说他跟了一个亲戚到上海去了。我不知道他现在做什么,不知道他为什么肯离开他母亲。"他这么想,回头望卢元的书桌,上面积着薄薄的一层灰尘,还有几个纸团儿,几张干枯的小桑叶,是别的同学随手丢在那里的。

他又从干桑叶想到明天要去采桑,"我明天一早起来,看了王复,采了桑,畅畅地游玩一会儿,然后到校,大约还不至于烦级任先生在缺席簿上我的名字底下做个符号。但是哪里去采呢?乱砖墙旁桑树上的叶小而薄,不好。还是眠羊泾(jīng)旁的桑叶好。我们一准儿到那里去采。那条眠羊泾真可爱呀!"

"……热的泉源……动植物……生活……没有他……试想……怎样?"方先生讲得非常得意,冷峻的面庞现出不自然的笑,那"怎样"两字说得何等地摇曳尽致。停了一会儿,有几个学生发出不经意的游戏的回答,"死了!""活不成了!""他是我们的大火炉!"语音杂乱,室内的空气微觉激荡,不稳定。

他才四顾室内,知道先生在那里发问,就跟着他人随便说了一句"活不成了!"他的心却仍在那条眠羊泾。"一条小船,在泾上慢慢地划着,这是神仙的乐趣。那一天可巧逢到一条没人的小船停在那里，我们跳上船去，撑动篙子，碧绿的两岸就摇摇地向后移动，我们都拍手欢呼。我看见船舷旁一群小鱼钻来钻去，活动得像梭子一般，便伸手下去一把，却捉住了水草，那些鱼儿不知道哪里去了。卢元也学着我伸下手去，落水重了些，溅得我满脸的水。这引得大家都笑起来，说我是个冒雨的失败的渔夫。最不幸的是在这个当儿看见级任先生在岸上匆匆地走来。他赶到我们船旁，勉强露出笑容，叫我们好好儿上岸吧。我们全身的，从头发以至脚趾的兴致都消散了，就移船近岸，一个一个跨上去。不好了！我们一跨上岸他的面容就变了。他责备我们不该把生命看得这么轻；又责备我们不懂危险，竟和危险去亲近。我们……"

"……北极……南极……轴……"梦幻似的声音，有时他约略听见。忽然有繁杂的细语声打断了他的沉思。他看许多同学都望着右面的窗，轻轻地指点告语。他跟着他们望去，见一个白的蝴蝶飞舞窗外，两翅鼓动得极快，全身几乎成为圆形。一会儿，那蝴蝶扑到玻璃上，似乎要飞进来的样子，但是和玻璃碰着，身体向后倒退，还落了些翅上的白鳞粉。他就想，"那蝴蝶飞不进来了！这一间宽大冷静的屋子里，倘若放许多蝴蝶进来,白的,黄的,斑斓的都有,飞满一屋,倒也好玩,坐在这里才觉得有趣。我们何不开了窗放他进来。"他这么想,嘴里不知不觉地说出"开窗!"两个字来。就有几个同学和他唱同调,也极自然地吐露出"开窗!"两个字。

方先生梦幻似的声音忽然全灭,严厉的面容对着全室的学生,居然聚集了他们的注意力,使他们放弃了那蝴蝶。方先生才斥责道:"一个蝴蝶,有什么好看!让它在那里飞就是了。我们且讲那经度……距离……多少度。"

以下的话,他又听不清楚了。他俯首假做看书,却偷眼看窗外的蝴蝶。哪知那蝴蝶早已退出了他眼光以外。他立时起了深密的相思,"那蝴蝶不知道哪里去了?倘若飞到小桥旁的田里,那里有刚开的深紫的豆花,发出清美的香气,可以陪伴它在风里飞舞。它倘若沿着眠羊泾再往前飞,一棵临溪的杨树下正开着一丛野蔷薇,在那里可以得到甘甜的蜜。不知道它还回到这里来望我吗?"他只是望着右面的窗,等待那倦游归来的蝴蝶。梦幻似的声音,一室内的人物,于他都无所觉。时间的脚步本来是沉默的,不断如流地过去,更不能使他有一些儿辨知。

窗外的树经风力吹着，似乎点头似乎招手地舞动，那种鲜绿的舞衣，优美的姿势，竟转移了他心的深处的相思。那些树还似乎正唱一种甜美的催眠歌，使他全身软软的，感到不可说的舒适。他更听得小鸟复音的合唱，蜂儿沉着而低微的祈祷。忽然一种怀疑——人类普遍的玄秘的怀疑—侵入他的心里，"空气传声音，先生讲过了，但是声音是什么？空气传了声音来，我的耳朵又何以能听见？"

他便想到一个大玻璃球，里面有一只可爱的小钟。"陈列室里那个东西，先生说是试验空气传声的道理的；用抽气机把里面的空气抽去了，即将球摇动，使钟杵（chǔ）动荡，也不会听见小钟的声音。不知道可真是这样？抽气机我也看见，两片圆玻璃装在木架子上，但是不曾见它怎样抽空气。先生总对我们说，'一切仪器不要将手去触着，只许用眼睛看！'眼睛怎能代替耳朵，看出声音的道理来？"

他不再往下想，只凝神听窗外自然的音乐，那种醉心的快感，决不是平时听到风琴发出滞重单调的声音的时候所能感到的。每天放学的时候，他常常走到田野里领受自然的恩惠。他和自然原已纠结得很牢固了，那人为的风琴哪有这等吸引力去解开他们的纠结呢？

"……"他没有一切思虑,情绪……他的境界不可说。

室内动的生命重又表现出外显的活动来,豪放快活的歌声告诉他已退了课。他急急开抽屉,取出那小匣子来,看他的伴侣。小蚕也是自然啊!所以他仍然和自然牢固地纠结着。

1921年4月30日写毕

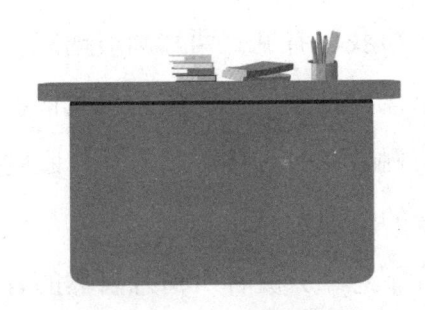

地　动

"再讲一个吧，爹爹。"明儿靠着父亲的膝，两臂略略推动，父亲的身躯也轻轻地摇摆了。他那红润丰满的两颐[1]，各有个浅浅的涡儿，在灯光里越显得美，覆额而剪齐的头发又含有可爱的潜力，使坐在旁边的母亲和祖母只是看着他微笑。假若父亲母亲祖母三个的心可以比做车轮的辐，那么明儿就是中心的轴了。

"再讲什么呢？"

父亲抚摩着明儿的头发，又托着他的后脑使更靠近一点；明儿的面孔就贴在父亲的膝上了。他的明净的眼睛从眼角里注视着父亲的嘴，好似父亲的嘴里有个可喜的世界就要涌现了。他说："就讲地动吧。"

他还牢记着昨晚的事：那时候一家人同今夜一样，什么小鱼小虾是父亲嘴里的故事，又温和又甜美的是祖母和母亲脸上的笑，宁静得几乎什么都忘了的是明儿听

---

[1] 颐（yí）：脸颊。

讲故事的心。最先是母亲觉察,怎么身子有点儿摇动,桌上的花瓶也晃动了。随后便听得窗外有哗……的声响,房屋的骨胳也咭咭格格地响起来了。母亲才想到这是地动,悄悄地颤抖地说:"地动了!"于是父亲的讲说中止了。明儿的眼珠突出,瞪着不转动,虽然他并不知道地动是怎样恐怖的事。室内全然静默,只听得狂风似的声响在窗外的远空掠过;又觉得身体动荡,仿佛在惊涛骇浪的小船里。"我们下楼去吧,到场上去吧,危险呀!"父亲轻轻地说,但是他坐着不动,祖母干枯的脸上显出青色,似乎要说话的样子,上下唇动了几回,可是没有说出什么来。大概经过四十多秒的时间,地动才停止了。"什么呀。"明儿这一声打破了室内的沉默。大家才谈起地动来。恐怕它再动,不免引起忧虑。但是也没有法子;只得凭独断来互相安慰,以为决不会再动了。祖母就讲她早年的经历:哪一年地动,招来了"长毛",哪一年地动,入秋大雨四十天,田中颗粒无收。这时候明儿处在暂时被忘却的地位,静静地听着,也满足了爱好故事的欲望;并且学得了"地动"这个名词,体会了什么是"地动"。

"我就讲地动,"父亲执着明儿柔美的小手说。明儿注视的眼睛放出希望的光,似乎要将父亲所讲的故事立刻整个儿摄引出来。父亲开始讲了:"那一天地动,动得很厉害,比昨晚还厉害。一处地方有个塔,很高很高,几乎矗入云中。"

"比我们这里的方塔,谁高?"明儿曾经由父亲抱上方塔的最高层,父亲指着地面的行人叫他看时,他只是看不见,后来说看见几个苍蝇在那里慢慢地走。他因此认识了方塔。

"高得多呢,四个方塔那样高,四个。地面动个不停,那个塔便向四面乱晃,像个将要滚倒的陀螺。后来它实在站不住了,倒下来断成六段。塔就此坏了。来了个匠人,看见塔断了很可惜,愿意修好它。便去取一桶糨糊(jiàng hu)来,涂在每一段的断处,一段段粘起来。他做了半天的工,那个塔复原了,同先前一样的一个塔横躺在地上。太阳还没有回去的时候,他已将那个塔竖在原地方了。"

祖母同母亲都笑了。明儿听得出了神,身体一动也不动;听到这里,才咂着上下唇,像吃了好吃的东西似的,问道:"还有吗?"

"完了,没有了,塔已经竖在原地方了。"

"那么再讲一个吧,爹爹。"明儿说着,将上体竖起;小手从父亲手里褪出,拉着父亲的衣襟,表示恳求的意思。母亲顺着他的恳求说道:"再讲一个吧,讲地动时候的一个小孩子吧。"

这是他们的惯例,随便想几句话编成个故事,只挑明儿能够了解的或曾经经历的。明儿从去年秋间,他出生了三十多个月的时候起,就尝到听故事的好滋味,到今已有一年了。

明儿得到母亲的帮助,知道必能如愿,拉着衣襟的手就放下,他走到母亲跟前,背心贴住她的双膝,表示依恋的情态,仿佛给她的一种报酬。

室内充满了妙美的静默。父亲又开始讲故事了:"那一天也是地动,也比昨晚还厉害。桌子上的花瓶,水盂①,墙脚边的痰盂,树上的鸟卵,宝宝的皮球,全都在地面滚个不停,好像活起来了。有一个孩子,他本来站在场上。地动了,他似乎脚下一滑,就跌倒了。不好了!他自己做不得主,身体只是一仰一俯地滚。他滚过了昆山,滚过了上海,再滚过去就是大海了。海面又平又滑,他滚得格外快,只觉得面孔刻刻着水又刻刻朝天。"

明儿的眼睛睁得比平时大了,似乎还在那里放大。

---

① 盂(yú):盛液体的器皿。

他悄然说:"怎样呢?"

"他滚过了海面,又在外国的地面只是滚。好了,有一垛高墙在那里!他给墙脚挡住,停了,不滚了。"

明儿的头点了几点,小嘴里呼出一口深长的气;同时他的背心贴得更紧,差不多全身的重量都支在母亲的两膝上。

"他躺在墙下,也不起来,像睡在床上一样。那边有碧绿的树,树下种些青菜,他以为就躺在自家的场上。一个人来了,来了。走近时,看见一个孩子躺在那里,就把他捡了起来。那个人有个口袋,很大的口袋,在他的衣服上。他把孩子放进口袋里,像捡得一个苹果一样。"

"那个人到了家,吃过晚饭,看他的报。"

"还要写信呢,看书呢。"明儿提示他父亲。

"他看完了报,是的,写他的信。写完了信,看他的书。时候不早了,月亮快回去了,他解开衣服想睡。忽然口袋里的孩子叫唤起来。"

明儿好像进了恐怖的洞窟,脸上突然紧张,仰起来看一看母亲的脸。

"那个人才想起口袋里有个捡来的孩子,便取出来,问他道:'你为什么要叫唤?''我没有吃晚饭。

我要母亲。'"

明儿的小嘴抿着，下唇渐渐突出；眼眶里潮润了。可是父亲没有留意到他，还是往下讲："那个人说：'你就要回家是办不到的，你的家离得远呢！晚饭我给你吃。母亲呢，只好过几时再见了。'"

"呀"的一声，打断了父亲的讲说，明儿哭了。他的身躯尽往后退缩，似乎要逃出这最初的悲哀的包围以外。母亲便抱他起来。让他依贴在怀里，并且亲他的面孔。柔语道："你的母亲在这里呢，你的母亲在这里呢。"

祖母也唱催眠歌似的安慰他道："你的母亲在这里呢，你的母亲在这里呢。"

可是没有用，他哭得至于呜咽了。父亲急忙续讲道："小孩说，'多谢你，今夜送我回去吧！'那个人说，'可以的，你先唱一支歌谢我。'小孩便唱了一支《种田牛》，唱得真好听。那个人听完了，取一张邮票，贴在小孩额上，把他交给邮政局。邮差当夜把他送到家里。他母亲正等着呢。他母亲抱起他，说：'你来了，抱抱吧！'娘儿两个都快活得要酥了。"

"好了，他在娘的怀里了。"母亲催他止住哭，轻轻拍他的背心，这么说。祖母顺着说："明儿，他已经快活得要酥了,你还哭什么呢?"

　　明儿的哭声停顿了;隔一会儿,又哭一声。眼泪滴在母亲手上,又滴在母亲的衣襟上,湿了一大摊。他的身躯还在抽搐,呼吸又粗又急,好似这最初的悲哀也就是永久的,已深深潜入他的心里了。

1921年12月9日写毕

小蚬①的回家

厨刀剖开鱼肚的事情,孩子看惯了。他看清楚刀锋到处,白色的肚皮便裂开了,脏腑随即溢出;又看清楚向上一面那只茫然瞪视着的眼睛,一动不动;也看清楚尾巴努力拨动,拍着砧(zhēn)板,表示最后的无力的抵抗。

他照样尝试了,虾替代了鱼,小钱是厨刀的代用品。要对分地剖开虾的肚皮,并不是容易的事,更兼小钱没有厨刀那么锋利。于是他就改换方法,将虾切成几段。这是勉强割断的,割断处没有刀切的那样平准;只见几颗半透明的肉微微地颤动着。他庆幸成功似的说:"我也杀鱼,我把它打了段了!"

我说:"你这样做,它母亲在家里哭了。它怎么能再回去见母亲呢?"

---

① 蚬(xiǎn):一种软体动物。外壳呈圆形或心脏形,表面有轮状纹。一般在淡水中或河流入海的地方生活。

"虾也有母亲吗？"孩子张大乌黑的有光的眼睛，好奇地问。

"你有母亲，虾当然也有母亲。什么东西都有母亲：虾有，鱼有，螃蟹有，蟛蜞（péng qí）有，杨梅有，桃子有，荸荠①有，甘蔗有。它们的母亲同你的母亲一样，非常爱它们呢。"

孩子仿佛受催眠了，他默不作声。

"你想，虾偶然出来玩，是它母亲说：'你在水中玩得厌了，今天到陆上去走走吧。但是，要早点儿归来，不要累我等待，使我焦心。'它于是到了陆上，到了我们的篮子里，到了你的手心里。现在，它不能回去了。它母亲等待它不见到家，将要怎样地难过？它要懊悔，叫它出去游玩，却把它丢了。它再没有'好孩子，好宝贝'可叫了，再没有心爱的孩子抱在怀里了，一定会哭出许多眼泪来。你看，明天河里的水要涨到齐岸了。"

孩子很不高兴，头向左略偏，同情的忧愁的眼光看着我。

"你再想，它被你切断的时候怎样地难过？它想到

---

① 荸荠（bí qi）：多年生草本植物，生长在浅水田中，果实呈扁圆形，汁多味甜。

家里的母亲，从此不得再见，它的心先碎了。它希望妈妈来救它，希望你放了它，但是两样都不成。它只得默默地远远地告诉妈妈说：'妈妈呀，你叫我出来游玩，如今不得归家了。我遇见了凶狠的小孩，他把我，你的好宝贝，杀死了！'你……"

孩子流泪了，但并不放声哭，随即侧转头，枕在我的胳臂上，面孔紧贴着我的身体。

隔了几天，我牵着他的手从田岸上走去，想到眠羊泾旁看小鱼。他手里玩弄着一个小蚬，是刚才来的一个渔妇给他的。

两旁田里的油菜尽已都割去，泥土已经翻过，预备作稻田了。初出的粉蝶还很软弱，只在田岸旁的小紫花附近飞飞歇歇，引得孩子的脚步徐缓了。四望村树云物，都沉浸在清朗静穆的空翠里。我想："近处，远处，这边，那边，都不像正有纷纭的人事在那里炉水一般沸腾起来。这景象何等安静啊！"

我们到了眠羊泾旁边，孩子首先注意对岸的两头小黄牛。这一头的还没长角的前额，凑近那一头的，轻轻地互相摩擦。它们很舒服的样子，徐徐阖眼，又徐徐张开来；面孔都似乎有笑意。孩子说："它们在做什么？"

我似乎感受到两头小牛肉体上的不可说的舒适，随口答道："它们相好呢。"

　　孩子忽然问："要不要让小蚬回去看它母亲？"他低着头看河水潜隐地流动，面上现出趣味的笑容。不知道他心里正作什么幼稚的玄想呢。

　　"很好，让它去看母亲。"

　　河面发出个轻悄的声音，"东"，小蚬回家去了。

1922年5月21日写毕

马铃瓜

从我家到贡院①前,不过一里光景的路,是几条冷落的胡同,其中有一段两旁种着矮胖的桑树,有点儿郊野的意味。这一夜没有月亮,只见些疏疏的星,淡淡的青空整个儿发亮。树下的草丛中,那些"秋之歌者"细细碎碎、迷迷恋恋地歌唱着,繁复的声音合成一片,却冲不破这桑林的寂静。

我手里提着个轻巧的竹篮,中间盛着两个马铃瓜、七八个馒头、一包火腿,还有些西瓜子花生米制橄榄之类,吃着消遣的东西。我所刻刻念着的唯有那两个马铃瓜:瓜足有饭碗那么大,翠绿的皮上有可爱的花纹,想起时就不自禁地咽唾沫。前一天我向父亲要求说:"要我去,必须带两个马铃瓜。"父亲听着笑了,慷慨地答应:"这有什么不可以?两个就是两个。"那天下午,他果然带了两个马铃瓜回来了,交给我说:"放在你的

---

① 贡院:科举时代考试士子的场所。

小食篮里罢。"我高兴极了，轻轻地放入篮里，上面盖着些纸，然后放别的东西。到晚间离家的时候，我就抢着提篮子，别的东西都让舅父拿。

舅父提的是一个小小的书箱，里边盛着石印的《四书味根录》《五经备旨》《应试必读》《应试金针》《圣谕广训》一类的书，其余是纸笔墨盒等东西。这时候我所读过的只有"四书"和"三经"（《尚书》和《礼记》没有读过，直到现在也不会读），所用的都是塾中通用的本子；在书箱里的这些书籍，实在连名目也弄不大清楚。只听叔父说："这回考试开未有之例，入场时不搜检了，可以公然带书去翻。"他便从他的书架子上理出一些书来，说："这几种书，合前回县府考带的，一并带了去罢。"于是婶母帮着我把这些书装在书箱里。我看看这样细小的字、这样紧密的行款，心想一定是很深很深的东西，至于怎样去翻，简直没有想到。

舅父的另一只手拿着一顶红缨①的纬帽，这也是叔父的。父亲叫我把那黄铜顶子旋去了，只留顶盘和竖起的一根顶柱。我把纬帽试戴时，帽檐齐着鼻子，前面上截的景物全看不见了；头若向左右转动，帽子也廓（kuò）

---

① 红缨：文中指用线或绳制成的穗状装饰品。

落地旋转。父亲说:"反正只有入场的时光戴一戴,不妨将就些。"于是交由舅父拿着。在我们这地方,当舅父的有几种注定的任务,无论如何不能让与别人的,就是抱着外甥剃第一回的头,牵着外甥入塾拜老师,以及送外甥入场应试。这有什样典故,我曾问过好几个长辈,他们都回答不上来,只说:"向来是这样的。"直到现在,我还是想不出那所以然。

像这样夜间在街上走,在我的经历中实是稀有的事。只记得有一回吃亲戚家的喜酒,因为看许多客人闹新房,父亲又同几个人猜拳喝酒,回家时也这样晚了。我的两手捧着好几匣喜果,一条右臂被父亲重重地一把拉着,两旁向后移动的全是些黑黑的影子。父亲那一只手提着的灯笼的光,只照着脚下脸盆那样大的一块地,而且昏晕得很,我仿佛觉得地面是空虚的,举起脚来不敢大胆地向下踏。那灯笼动荡着,发出带有幽秘性的寂寞的声响,又使我淡淡地感到一种莫名所以的恐惧。那街道也似乎变得长了,尽走尽走,只是个走不完。我再没有勇气举步了,转身拦住父亲的两腿说:"我要抱,我不走了。"

这一次去应试,我虽然十二岁了,虽然县试、府试也是夜间去的,然而夜行的不习惯并不减于那回吃喜酒回家的时候。听听那些虫声,越见得路上荒凉极了,因而引起怅怅的感觉。手里的篮子越来越重,似乎正在增加内容。我想:"假若马铃瓜多了一个,或者多了两个,岂不快活!"这样幻想着,便换一只手来提,同时询问舅父说:"怎么还不到呢?"

"快到了,你听那嘈嘈的人声。"舅父带着鼓励的声调说。我留心听,确然有一阵阵的像茶馆里那样的喧声,似乎在天上飘散开来,在那明亮的淡青色的大幕以外。我们的脚步不禁加快且加重起来。我这才听见自己腾腾的脚声,又觉得有点儿劳困的意味。

我们转了个弯,景象大不同了:人家的门都开着,挂着一盏纸灯笼或是玻璃灯。常常有人出出进进,也有女人、孩子站着说笑,看热闹。路上来往的人也不少,又有卖点心和杂食的小贩,歇着担子,提高喉咙,或者敲起小铜锣,招揽主顾。我觉得这景象特别异样,又似与县试、府试时不同,倒也很有趣致,可是比拟不来像个什么;又觉得这一切形和声都带点儿阴森之气,便不自主地拉着舅父的长衫。

再往前走就是一片旷场,似乎广阔到没有边际。两根旗杆非常之高,风吹着旗子发出鸷鸟①拍翅的声音。

---

① 鸷(zhì)鸟:凶猛的鸟。

旷场中有无数的人在那里移动，我也说不清是多少。总之，我仿佛觉得陷入庙会寺集的群众之中了。前后左右都有碰着人体的顾虑，使我只好拉着舅父的衣襟就在原地旋转。

舅父向北面望着说："时光还早呢。这一回胡家租有寓所，我们到那里歇歇去。"我也被催眠似的向北面望。好容易站到一个适宜的位置，才从群众的间隙里望见贡院的大门。许多的人把大门塞住了，有十几根藤条在他们头顶上抽动，约略听得呼呼的声响，于是他们拥出来一点儿。门上挂着四盏大的红纸灯，昏黄的光只照着挤在灯下的几个人的头顶。门里面全然看不见什么，好像张着黑幕。我忽然想，这差不多像城隍庙①，但是没有城隍庙那样修整和庄严，——逢到赛会的日子，城隍庙前的形形色色比这里好看多呢，何况一切全都是在白天显现的。正想时，舅父催我举步，我便跟着他走。

胡家租的寓所就在贡院西隔壁，是人家的一间卧房。那人家临时做投机生意，把几个房间合并了，空出来的房间就租给考客作临时寓所。胡家弟兄多，又加

---

① 城隍庙：用来祭祀城隍神的庙宇。城隍神大多由有功于地方民众的名臣英雄充当，是汉族民间和道教信奉守护城池之神。

上送考的人，所以靠墙着壁都搁着门或板，上面铺着席子，预备大家有地方睡。这室内搁了这些床铺，只剩沿窗一小方空地了；就在那地方摆一张方桌子，他们围着打牌。

我走进去时，最注目的就是围着桌子的一圈人。仿佛他们围得很密很密，就是一粒芥（jiè）末也决不会从桌子上掉下来似的。同时听到清脆的骨牌击桌的声音。我本来不明白寓所是什么样子的，至此才明白这就是寓所。向旁边看时，才看见些床铺，便不知不觉地坐在靠右的一个铺上。

舅父向那一圈人招呼；一壁把书箱塞在床下，把纬帽摆在床上，又向我提示说："你的篮子也可以摆在床下。"我实在舍不得放下篮子，便摆在床上，却依旧捏着它的柄，说："这样也好。"我立刻觉得非常口渴，上颚与舌面几乎干燥了。心里想，假若取出一个马铃瓜来剖着吃，岂不爽快。既而又想，当着这么许多人独吃，当然是不懂规矩；但是如果分赠每人一块，自己就吃不到多少了；何况父亲曾经叮嘱过，这瓜要待进了场吃的。于是只得忍耐着，无聊地借着烛光从稀疏的篮孔里看那翠绿的瓜皮。

那一圈人似乎没有瞧见我们，他们击桌面、骂坏牌，揣度，呼笑，与先前一样。只有一个上唇翘起几笔胡子的斜着眼光向我的舅父问道："这位世兄几岁了？"

"十二岁。"舅父也坐在一个铺上，他屈伸着胳臂，以舒劳累。

那个人捋着胡子趣味地说："真是所谓幼童了。有没有编红辫线，红辫线？"

这奇怪的问题使我迷惑了，我仿佛全然不知道向来编什么辫线的，一只手便向背后去拉过发辫的末梢来看，辫线是黑的：我才想起我的辫线向来是黑的。

那个人也看清楚了，以十分可惜的声气说："为什么不编红辫线！这样矮小，这样清秀，编了红辫线更见得玲珑可爱呢。说不定大宗师看得欢喜，在点名簿上打个记号，那就运气了。"

另外一个人的声音接着说："笔下很不错了罢？"

"不见得，"舅父谦逊地回答，"前年才开的笔，勉强可以写三百个字。这一回本来不巴望什么，意思是让他阅历阅历，以免日后怯场。"

"这是正当的办法。假若题目凑巧，或许也有点儿巴望。"

我觉得倦了，头部很沉重，只想向前撞去。朦胧中听见不知谁在问："这篮子里带些什么东西？"我突然警觉，带着戒备的意味说："马铃瓜！"原来问我的就是那翘起几笔胡子的人，他离开了一圈人，笑嘻嘻地站在我面前了。他说："你倒蛮写意。人家只怕绞不出心血来，正在那里着急，你却带着瓜果进去吃。"

舅父接着说："究竟是孩子……"

我又昏昏然了，身体斜靠下去，头就枕在窗栏上。人声与牌声似乎渐渐地远了，只剩极微淡极微淡的一丝了。腿上和手臂上觉得有点儿痒，大约是蚊虫在那里偷血吃，但是没有力气举起手来搔，也就耐着。后来连痒也不觉得了。

我被舅父喊醒时，室内景象不同了。那些人正匆忙地向外走，有几个还在披长衫，有几个在检点手提的书箱子里的东西；桌子四角的四支白蜡烛烧剩两寸光景了，火焰被风吹得一顺地偏斜，淌着烛泪；散乱的许多牌，有些骨面朝上，泛着死白色。

我身上受着几阵风，立刻感到一种不爽快的凉意，同时觉得这室内有点儿凄凉，便站起来，提着篮子也向外跑。舅父已经把书箱提在手里了；他把纬帽套在我头上，说："已经在那里点名了，戴着罢。"

我跟着舅父走，像个梦游病者似的，不知不觉已进了贡院的大门。只见仪门之前黑压压地挤满了人，完全是背影；脖子都伸得很长，而且仿佛尽在那里伸长起来。挂着的红灯笼徐徐摇荡，烛光微弱，不免有点儿阴惨气象；靠东面的一盏又已经灭了。有一些不敢扬起的嘈嘈切切之声与鞋底擦地的声音，在其中有沉着而带颤的占着三拍的音响超出于众响之外。我因县试府试的经验，知道这是点名。点过一名，从人堆里迸出一声"有！"人堆就前后左右地挤动，同时又听见十分恭敬的一声"某某某保！"叔父曾经告诉我，大考时由廪生唱保，这一定就是了。

　　舅父递过书箱叫我提着，可是一只手还帮着我不放，悄悄说："当心听着。"我便当心听。听听都是些生疏的名字，都不是我。我们的背部却受压迫了；后到的许多人尽把我们向前推，我们只好上前去贴着前人的背部。因此我的过大的帽子搁住在前人的腰部，歪斜得几乎掉下来了；又不能放下手提的东西，——其实就是空手，也没有举起手来的余地，只好歪着头勉强把帽子顶住。除了前人长衫的腰部，什么都看不见；四围都是人，胸背和两臂几乎没有一处不与他人的身体触着；我气闷极了，仿佛塞在一个氆里，不过氆壁是软的。然而也挤出了一身汗，刚才着了凉的不爽快，也就不药而愈了。

突然的忧虑涌起于心头,我的腿感觉到竹篮子几乎被挤成一片了,那么里面的马铃瓜不将挤破挤烂嘛!假如破了烂了,整整的一天靠什么东西来解渴!而且事情颇不妙,腿上觉得有点儿潮润,不就是甜得沁心的麦黄的瓜汁吗?连旋一旋身子的主权都没有,只有由那软壁的氅播荡着,我恨不能提起篮子来看一看。我又想:"早知如此,刚才在寓所里吃了倒也罢了。没想到特地带了来,却是这样的结果!"爱惜情深,便把气闷忘掉,一切声响也微淡得几乎渺茫了。

像在睡梦中被人呼唤似的,我听见几个音响的连续,那是一个人的名字,而且很熟,随即醒悟那就是我的名字。舅父的肘臂在我背上一阵推动,嘴里还说些什么,我听不清了。我顿了一顿,才提高喉咙喊出来:"有!"书箱突然沉重起来,舅父已经放了手了。我明知这时候应当怎样去接卷子,怎样走进仪门去找寻指定的座位,并且开始过一天离绝家人而与不相识者混在一处的特殊生活。但是前面没有路,两旁没有路,背后也没有路,这个氅竟不肯裂开一丝缝来,叫我怎能往前走呢!于是我喊,我用身体冲撞,舅父也这么做。可是没有效果,只使人堆略微波动,并使四围的人发出些喃喃的咒骂。我再留心听时，依然唱着一个一个的名字，那声音沉着而带颤，与先前一样。我好像失了一件宝贵的东西，只觉得一种很深的惆怅塞在心头。我本来没有进去的欲望，是父亲叔父们要我进去的，现在进不去，却又惆怅起来，也真难以索解。这时候我什么都不想，也不想是否就此回家，也不想有没有办法可以进去，就是这样颓丧地站在那里，舅父却略微低下头来安慰我说："不要忙，且等着，等会儿可以进去的。"他一只手又帮我提着书箱。

渐渐觉得四围松散一点儿了，我转动身躯，举起手来把帽子戴正，居然没碰到障碍。嘈嘈切切之声愈趋微淡，而书吏点名与廪生唱保的声音，却越见得响亮清楚起来。后来大约只剩三四十人了，我才完全看清楚那摆在中间的、围着红桌帏的大桌子；我才望见那坐在桌后的人，圆眼镜、黑胡子，一动也不动，仿佛一尊塑像。舅父推着我，我会了意走上前去。末了，那三四十人也陆续转进仪门去了；余下站在旁边的一些人，我知道他们并不是与我同等的。这当儿突然异样地寂静，看看这地方，昏暗且空虚，一幅酒阑（lán）人散的景象，我的幼稚的心里不禁起了一种莫可名状的伤感。

不知怎么一来，一个书吏却把一本卷子授给我，我用提竹篮的手接了卷子，便也转向仪门去。舅父帮我的那只手几时放的，他是几时与我离开的，我全然不知道。我随即提起竹篮，凑着灯光查看，心里才觉得安定且喜悦：原来篮子没有被挤扁，翠绿的马铃瓜还是完好地盛在里边。

转过了屏障，眼前一阵昏黑，用力注视，才见昏暗中站着几个人影，不由我不突突心跳。仪门的门槛已经装上，很高很高，总不在我的胸部以下。我的两肩几乎支不住两条提着重物的膀臂，又怎能用手撑着，使身躯爬过那高高的门槛？正在无可奈何，而且不由自主地放下两手提着的东西时，一个人影开口了："小孩子，过不去了，我把你抱过去。"他那异方的带有玩戏意味的音调，使我觉得害怕。他把我拦腰一抱，轻易地举起来，仿佛抱一个很小的孩子；待放下时，已在门槛以内。宽大的帽子经这么一动摇，掉在地上，我捡了起来。又想起手里的卷子被捏得很皱了，便把它铺在胸前，按摩着使它平贴。这当儿，那个人又把书箱与篮子递给我。

回转身去，别有一种神秘的景象展示在前面。很远很远的一座大堂，近于渺茫了，那边有点点的灯火与一些朦胧的人物。甬道两旁的考棚里，发出蜂儿闹衙似的声音。考棚齐屋檐挂着许多小红灯，望过去成为两条梯状的不平行虚线。红灯的光照不到甬道的中间，幸而有星光把甬道照得发白，使我能够看清卷面上编定的号数，是寅字第十二号。

我于是顺次看小红灯上的字号。十分欣喜，在东边的不知第几盏就是了。鼓着勇气摇晃地走近去，才看清楚并不是寅字号而是宙字号，又不免起一种惘然之感，仿佛荒原深夜找不到客店的倦客。

几经停歇，几经探望，才看见寅字号的红灯在西边徐徐转动，那里距离大堂与仪门一样远近。我像望见了家门似的，奋力奔过去。跨进考棚，寻到第十二号的位置，就把两手的东西一齐搁在木板上，深深地透几口气。别的位置上都已坐着人，我也不去注意他们的面目与动作，只觉得四围有这许多人，而我掺杂在他们中间了。当桌子用的木板上点起一支支白蜡烛，火焰跳动且转侧，有几个人特别讲究，把白蜡烛插在玻璃灯中，那就稳定多了。我也从竹篮里取出重重包裹的白蜡烛，划着火柴，把它点起，就用烛油胶住在木板上。我于是就座，于是占领了一个小世界。

"马铃瓜！"突然的一念想到，我急忙搬开篮内上部的杂物，从底下捧出一个可爱的翠绿的瓜来。"先吃半个罢。"这样想时，裁纸刀的尖头已刺入瓜皮。剖开来时，那鲜明的麦黄的颜色，那西瓜类特有的一种甜味，使我把一切都忘了。起先把小刀划着方块吃，后来把瓜皮切成好些块，逐一咬它的瓤。直到完全咬剩薄皮，方想到已吃过了预算的分量。"还有一个呢。"这样一转念，就觉得前途并不空虚。站起来把瓜皮丢在廊下的尿桶里（大约隔十几间考棚有一个尿桶，桶的四围也积满了尿，幸而我这一间离得还算远），把乱纸擦了板面，依旧坐着，看一直淌下的烛泪。约略听得外面有些鼓吹之声与炮声，我淡淡地想："封门了。可惜这时候不能回去看一看家里的情形，不知道母亲在床上想我不想，不知道叔父的半夜酒喝罢了没有。"这是真的，不论是谁住惯了家里，一离开家，总不免这样那样想；又明知所想的决不能恰与实况相符，于是感得不满足了。

这时候满棚的人忽然齐向甬道望，我也不自觉地跟着他们向甬道望，只看见一簇人，以急促且沉重的脚步涌向大堂那边去。听别人说，才知道学台坐了藤轿子进去了，停会儿，就有掮着白纸灯的几个人在甬道上慢步走过，灯上写的是题目。于是两廊下人影历乱起来，层层叠叠的头颅像蛆虫似的蠢动，同时起了一阵模糊的哄哄的声音。我的身子太低了,假若站在廊下,只能看见别人的背心,绝没有看到那几盏灯的希望。我就爬上桌板,站直了,赶快把题目抄下,笔画歪斜,字体很大,竟写满了一张毛边纸。

第一个经义题就有点儿生疏,似乎我所读过的经里没有这么一句。偶然向前排望,看见前面那个人从一叠石印书中抽出两三本来,签条上仿佛是《礼记》。从来没有作过《礼记》的题目,怎么知道它在哪一本上,该怎么作法呢!但是这种懊丧并不深重,我本没有立刻构思起草的意思,不妨暂且把它搁在一边。抛撇不开的还是那个惟一的马铃瓜。"吃完了它,才能定心作文。早一点儿吃了,好早一点儿动笔。"我这样想,便伸手入篮里。这一回没有做先吃半个的打算,当然一口气把它吃完。咬到末一口时,又觉得这瓜太小了,颇可憾惜。

然而牵思萦想的东西正多呢。琐屑的花生米与西瓜子又不是赶快嚼得完的,只好一颗一颗送入口里,消磨这孤独生活里的时光。身体上凉得厉害,手臂与腿都似乎有抽搐(chù)的感觉,而且头脑昏昏的,眼皮重起来了。

似乎没有多大工夫,甬道中漫着淡青色,两廊的橡子瓦片渐渐显露,小红灯里的烛光却大部分灭了。我朦胧中听到嗡嗡之声，同舍的人已在起稿，至少也想起了一点儿意思了，而我还只有一张题目。

"那边有个冒籍①！"突然听见这样一句响亮而含有命令意味的警告。我朝声音来的那方向看，就在我这间的廊下，站着一个高大的人，眼珠很大，放出闪耀的光，脸上的肌肉仿佛全蕴蓄着精力，一只手支在柱子上，那样粗大的手指是我从来没有见过的。我觉得这个人很可怕，似乎在不知哪一所庙里见过的一个青年神像。

同舍的人互相告语说："冒籍！杜天王又要起劲儿闹了。"有十来个人便离开座位，聚集在廊下，一致急促地问："在哪里？在哪里？"

我听见"杜天王"三个字，立刻知道他是什么人。这时候学堂已经办起来了，他是中学堂里的学生。试期将近的时候，学堂里特地牌示说，凡是学生不准应试。如有改名冒试，查出来立即斥退。这大概是这么个意思：每人只能走一条进取之路，若想兼走两条，便是取巧占便宜的办法，非禁止不可。可是杜天王不管这一

---

① 冒籍：是指在古代科举考试中，考生以外州县籍冒充本州县籍参加考试的现象。

套，更改名字报了名，到期就请假出来应试。像这样做的也不只他一个，他的好些同学以及县立小学堂里的一部分学生，都与他一样，想试走这第二条进取之路。

学生与寻常童生，不同之点很多，最显著的有两端：一是排斥迷信，二是崇奉合群新说。他们成群结队地来到贡院前应试而且玩耍，这两种特性就发泄在贡院旁边定慧寺里的许多佛像身上。

定慧寺里有十八尊装金的罗汉像，比人身高大得多，后面的殿，正中坐着个巨大的如来像，我们只能看到他的胸部。头部与两肩穿过楼板，占着楼上的空间。我七八岁时，曾跟着伯父去看，觉得有点儿害怕。

我听人家这样说：杜天王同一群同学去游定慧寺，有几个人不免说起泥塑木雕惹人迷信的话，大家便觉得这些人形的泥块真是不可饶恕的仇敌。"把它打掉，才能破除愚民的迷信！"杜天王为首喊出来。接着就是一阵呼噪，约略是"你若有这胆量，我们合群！合群！"杜天王经这样一激，再也忍耐不住，就发出命令去找绳子。在不知什么地方找到了一捆粗棕绳，解开来断成四五条，拦在如来的腰围与手臂上，另一端由许多人拉着。一声"来！"大家像拔河一般用力，如来就轧轧地响起来。随后就是一阵不曾预料的崩塌的响声，如来的身躯侧倒了，胳臂残损，面目破碎，而楼板也掉下了好几块。学生们得了意外的成功，未尽的勇气还很旺盛，正像出洞的猛兽，只想再寻些仇敌来吞噬。于是外面十八尊罗汉应这劫数了。他们用同样的方法对付那些罗汉，手段既已熟练，工作又较轻便，真是十分容易。结果个个罗汉歪斜地倒在地上，有的断了头，有的折了腿，有的露出木头构成的骨架或是空空洞洞的胸腹。

寺里只有一个衰病的和尚，听见学生而且是考童在那里与菩萨作对，他早已开了后门逃走了。后来警察知道了这事，查究是谁为首，便带了杜天王去。但不一会儿就把他放出来，因为知道他是杜某的儿子，而杜某是了不得的乡绅。从此，人家就给他上个"天王"的尊号，他的名字反而被忘却了。若说起杜天王，没有一个人不知道的。

我早已听熟了这个威武的名字，现在占有这个名字的人就在面前，虽然觉得很可怕，却舍不得不看。只见他努着嘴，略微含怒地回答问他的人说："在阳字号！"他的浓眉似乎渐渐抬起来，越显得面貌凶狠。他放下支在柱子上的手，有力地转身走去。聚集在廊下的十来个人也就被牵着似的跟了去。

我自己莫名其妙，同时也跨下了座位，走出号舍，跟在那些人后面。杜天王又在别个号舍里招人，走到阳字号时，他的部下有七八十了，真是一支强有力的军队。他是大将，就开始攻击，作军士们的前锋。我从人与人的隙缝中窥见他站在一个人旁边，那个人背部的侧形很厚，肩头也是圆圆的，知道是个胖子。他的低俯的脸略带紫色，虽然与杜天王的脸一样大，但皮肉却是松弛的。

阳字号里的人一齐抬起头来。有的便站起来，廊下与一排排座位之间，又骤增一拥而至的七八十个人。惊异的诧问与愤怒的喃喃混在一起，就把那里的空气震荡得不安定了。可是大家有一种有所顾忌的裁制力，不肯把声音放得同平常谈话那样高，更兼要听听杜天王说些怎么样的英雄的话，恐怕放高了就把他的声音淹没了。

杜天王以凛然不可犯的神气，拍着那个人的背心说："你叫什么？什么地方人？"

那个人的头俯得更低了，身躯似乎在那里缩拢来，像一只伏在猫儿跟前的老鼠。他只是不回答。

"说！快说！"一群人哄然喊出来，杜天王又把他的肩膀一拉，大家才看清他的转殷的紫色的脸，于是又喊："快说！快说！任你装什么腔没有用的！"

那个人愁苦的脸，几乎要哭出来了，可是抵不住群众的威迫,终于很低微、很模糊地回答了。我听不懂他说的什么,但能辨知那是异方的口音。

"不对!"一个锐利的声音紧接着喊出来,随后潮水一般的"不对!"涌起来了。杜天王就在那个人背心上一拳,那个人又老鼠遇见了猫一般缩拢来。人群更为密集了,有的人贴着他的身躯,有的人高高站在桌板上,上上下下把他围住。我于是再也看不到他的影子,但是,可以听到连续的拳头着背的声音。

被打的默不作声,挥拳的也只是闷打,一时间转觉异常沉静,只有单调而不结实的屯屯的音响。

"他还有一本卷子呢!"一个略带哑音的人惊怪地喊。"啊,还有,不止一本!一,二,三,四,五,一共五本!他又姓陆,又姓倪,又姓叶,知道他到底姓什么!"

"岂有此理,既是冒籍,又是抢替!"

"应当把他打个半死,让他知道犯的什么罪!"

"好大的胆量,敢于代抢五本卷子!难道他那样胖的身体里,完全装满文章吗?"

"什么文章,完全包着些贼骨头罢了!该打的贼骨头!"

"打……"于是拳头着背的声音更急更重了。那个人开始喃喃地号呼,像个沉重的热病者,却并不哀求,也不作什么辩解。

正当一个人喊"在这里不爽快,把他拖出去打"时,从甬道走来两个冠服的人与六七个书吏,我也不知道那两个是什么官,但是知道绝不是学台①。书吏略微呵斥,密密簇聚的人就让出一条路,使他们得以走近那被打的人,随后又围合起来。我虽然想乘机钻进去,但是行动欠敏捷,依旧被摈②在圈子之外。于是拣一个空着的座位站在上面,踮起脚来向下望。然而不行,只能约略望见那被打的人露出在衣领外的肥厚的脖子与一段很粗的发辫。

"他是冒籍!……又是抢替!……他共有六本卷子!……这该当什么罪名!"大家错杂地诉说,声音里含有示威的意味。接着一阵嚷嚷,有所顾忌的裁制力现在用不着了,所以特别响朗,仿佛觉得空气在那里膨胀开来。

不到一盏茶的工夫,人堆里又让出一条路来了。那个群众共弃的罪犯被夹在六个书吏间,目光注地,迷惘

---

① 学台:清朝时期的一种官职,主要负责管辖省级的科考和教育工作,没有固定的品级。这个职位通常由进士出身者担任。
② 摈(bìn):排除,抛弃。

地走着，他的两手提着书篮、帽子之类，臂弯里挟着长衫。几本卷子由一个官拿着，那是重要的赃证。

"嘘……"大众轻轻地发出一种表示驱逐的声音，胜利的、鄙夷的眼光望着那胖子的背影，随后就散归各自的号舍。我也靠着廊柱望，心里有点儿惶惑，不知道他们把那胖子带去将怎样治罪。他们从甬道向大堂走去，东边号舍顶上透过来的太阳光照在他们头上。那胖子的头似乎向前面折断了，望不见他的后脑与两耳，只看见乌黑而耀光的发辫。

我回到号舍，咿唔（yī wú）之声仿佛秋虫一般繁琐了，才想起我还有作文这件事。可是肚子有点儿饿了，姑且拿出馒头来夹着火腿吃。吃得口渴了，又想起马铃瓜来。假若在先不急急，留到此时吃，岂不好呢？看太阳光那样红，必然是个炎热的白天，正该吃马铃瓜。

大约十一点钟光景，所有的东西都吃完了，连一颗瓜子也没有遗留了，才开始翻《礼记》。翻不到二十多页，觉得眼前一闪，那句子好熟。再一细想，不就是今天的题目嘛！于是看下面的注解，于是写下文章的第一句。我在塾中已经成为习惯了，写下一句，再想第二句，写了这么三四句，就要一五一十地数，看已经有了多少字。这一回当然未能外此。大约有了二百字左右的时候，实在接不下去了。但是牌示上明明说，"不满三百字不阅"，怎么能二百字便了呢？我并没有想到自己的文章什么程度，但是一定要希望他们"阅"，也可以说是个不可解。

早先交卷的人一排一排出去了，听见沉重的开门声，飘渺的吹打声与号炮声。午后的炎威与心思的焦灼使我满头满身都是汗，看那些交了卷出去的人真像自由自在的仙人。

直到号舍里只剩两三个人，听听远处，也是悄悄的只闻见鸟雀声，甬道中又渐渐地昏暗起来了，我才足成了经义的一百多字，急就了一篇三百零六字的策论，又抄完了指令恭默的一节《圣谕广训》①。

匆匆收拾好东西，依然两手提着，寂寞地在甬道中走。仪门早已开直，不复封锁了。我先把两手的东西送过去，然后艰困地爬过那高高的门槛。头门也开着，没有吹打，没有号炮，只是寂然。我望见邻家的仆人（是我家托他来接我的）在头门的门槛外向我招手，便加快走去。他接着我的东西，又抱我过门槛。待他放下时，

---

① 《圣谕广训》：由清朝官方颁布，并运用政治力量广泛刊行的官样书籍，内容为训谕世人守法和应遵循的德行、道理。

我觉得脚里软软的,仿佛踏在棉被上。抬头看天,昏暗而带黄色,与平日所见不同。口渴极了,心里想,我有充分的理由,回家去要求父亲再给我买两个马铃瓜。

1923年9月11日

半 年

半年里头，我进了两个学校。下半年进哪一个学校，现在还不知道呢。

年头上，我家搬到上海来，爸爸妈妈送我进文明小学。那个学校里的同学，有许多是包车送来的，中午吃饭，下午放学，也是包车来接。又有十来个同学，来回都是汽车。娘姨坐在旁边陪着，不然就是男用人。有几辆汽车，汽车夫旁边坐着罗宋人①，头发同黄牛毛一样颜色。我家离学校近，不用坐什么车，不是爸爸就是妈妈带着我，一会儿就到了。过了十来天以后，我可以独个儿来去，不用爸爸妈妈带了。

那个学校里只有校长是男先生，以外都是女先生。我在二年级，女先生叫张先生，披着一头曲头发。她自己每天穿新衣服，她也喜欢我们穿新衣服。谁穿了新衣

---

① 罗宋人：指的是20世纪上半叶，集中居住于上海租界，特别是上海法租界中的俄罗斯裔居民。

服到校,她就"趣呀!""漂亮呀!"说上一大堆,拉住他的手,把他抱在怀里。她常常对我们说:"你们家里有新衣服,不要舍不得穿。小朋友个个都穿新衣服,我们的学校才好呢。"

一天放学的时候,她对我说:"你这件棉袍子,袖口都破了,还舍不得换一件吗?明天再不要把它穿来了。最好不要穿袍子,穿袍子没有精神。最好像江成他们那样,穿一身小西装,又好看,又有精神。"

她这么一说,我也觉得棉袍子不好看,江成他们的小西装好看。回到家里,就把她的话告诉妈妈,我说我要一身小西装。

妈妈说:"一身小西装,哪有这么容易?我给你把袖口缝一缝吧。"

我说:"张先生说过,明天再不能把它穿去了。小西装不容易,换穿一件别的衣服去吧。"

妈妈说:"缝好了袖口,就没有什么了。现在天气还冷,不穿棉袍子穿什么呢?"

我说:"随便什么新衣服都好。"

妈妈拍拍我的肩膀,说:"孩子,你哪里有什么新衣服?"

我着急了,心里好像压了一块砖头。当天晚上我做了梦，梦见张先生抱住我，"趣呀！""漂亮呀！"说上一大堆。我看自己身上，正是一身小西装，比江成他们的都好看。不知道怎么一来，我的小西装忽然没有了，吓得我拉直了喉咙哭起来……

第二天早上，妈妈还是叫我穿那件棉袍子。我真想赖学，可惜没有名目，身上不发烧，嗽也不咳一声。爸爸说："上学去吧。"我只好跟着他走。

张先生看见我了，立刻拉住我的肩膀，骂我说："怎么还是穿这件棉袍子！昨天不是关照过你，叫你再不要把它穿来了吗？"

她的脸很可怕，像《图画故事》里的凶恶的狮子。我不敢看，看着地板，回答她说："妈妈说的，现在天气还冷，只有穿棉袍子。袖口破的地方，她给我缝好了。"我把手举起来，让她看袖口。

她把身子转过去，不要看我的袖口。她狠狠地说："真要命！一件衣服都换不出，还读什么书！"她走开了。

几个同学站在我旁边笑。我很难过，只想躲到什么地方去。

过了两三个星期，张先生叫我们捐钱买飞机。她说，谁捐满两块钱，就有一个很好看的徽章，金黄的底子，刻着一架小小的飞机。我回家就告诉爸爸妈妈，我也要捐两块钱。他们说："我们不想捐。"我没有法子想，只好让别人去得到那很好看的徽章。我又想，说不定那徽章并不真好看，比我的嵌花玻璃球差得多呢。

许多同学都捐了钱。有的是今天四角，明天四角，一天天加起来。有的是一回就是两块三块。李克修最多，他一回捐了六块钱。张先生把他们的名字写在小黑板上，下面写捐钱的数目，李克修的名字上头特别加上三个圈。她每天报告说："今天又有几个小朋友捐了钱，我很欢喜。"她又说："谁能像李克修那样捐得多，我就更欢喜了。"

捐满两块钱的都得到了徽章，真好看，比我的嵌花玻璃球好看得多。一架小小的飞机正在斜飞，开飞机的人都看得清楚。金黄的底子好像布满太阳光的天空。一条短链条也是金黄色。只要用一只别针，就可以挂在衣襟上。我在学校里跑来跑去，时常碰见挂上徽章的衣襟。我的衣襟上也要有一个徽章才好呢。

我又对妈妈说了："每天捐一角钱两角钱，捐满了两块钱就不捐，好不好？"

妈妈说："爸爸说过不捐了。我想，捐不捐本来随便的，你不捐也没有什么要紧。"

唉，妈妈不知道我的心！我要一个好看的徽章，我要得到一个徽章挂在衣襟上。

可巧张先生问到我了。她说："你为什么一个钱也没有捐？你看，许多小朋友差不多都捐了。今天回去问一声你爸爸妈妈，到底捐多少。明天就把钱带来。"

我高兴得很，跑到家里撞见爸爸，就对他说："张先生叫我问一声爸爸妈妈，到底捐多少钱。"

爸爸说："我老早说过了，我们不想捐。你就这么回答张先生好了。"

我说："不，张先生叫我明天带钱去呢。"

爸爸笑了。他说："我们不捐，带什么钱去！"

唉，爸爸也不知道我的心！我要一个好看的徽章，我要得到一个徽章挂在衣襟上。

我想到张先生的狮子样的脸，又巴望能赖学。但是我没有真个赖，第二天还是到了学校。我不敢让张先生看见，她走过来，我就避开。

上课的时候可避不开了。她走进教室，第一个就问我："今天把钱带来了没有？"

我只好老实说："爸爸说的，我们不想捐。"

狮子样的脸果真出现了。她大声说："吓，一点爱国心都没有，还读什么书！"

我把她那句话念熟了,回家背给爸爸听。爸爸说:"那就不要到这个学校读书吧。待我打听打听,送你进别的学校去。"

我就此不做文明小学的学生了。想起那徽章实在好看,可惜爸爸不肯捐钱,没有弄到一个挂在衣襟上。

不多几天,爸爸打听到一个学校了,叫进化学校,有小学,也有中学,就把我送进去。那一天下雨,走进门,一个小操场上全是鞋印,每一个鞋印积着一片水,我们用脚尖踮过去,皮鞋头沾了厚厚的一层泥。

校长叫王先生,一个大胖子,脸好像一直在那里笑。爸爸付给他学费,他说了不知多少声的"谢谢",然后把钞票放进一个小皮夹里。他对我们说,二年级的级任叫小王先生,是他的儿子。

小王先生年纪很轻,叫他先生,还不如叫他哥哥。他上课总给我们讲故事。老雄鸡的故事讲完了,大家叫唤:"小王先生,再讲一个!"他就再讲老母鸡的故事。有时候叫得他动怒了,他就走过来,举起教鞭,好像要打的样子。真打的时候也有,教鞭落在胳臂上、肩膀上或者手上。我没有给他打过。不是我不叫,不过叫得轻一点儿,他没有听清楚。

那个学校里的桌子椅子,比文明小学差得远了。木板裂了缝,黑漆退了色。时常听得"啪嗒"一声,抽屉掉下来了,书纸笔墨散了一地。我同一个塌鼻子的同学合坐一把椅子。椅子脱了榫,那个塌鼻子的同学没有一刻停的,我就好像一直坐在电车里。

那个学校里,同级的同学比文明小学少得多,只有三十一个,文明小学有五十八个呢。别级的同学也并不多,我站在别级的教室门口看看,总有十来把二十来把空椅子。进校的第一天,王先生对我爸爸说过:"今年年成不好,中学小学一共只有两百多学生。前年最好,有到四百五十三个呢。"

文明里有花园,有放在花园旁边的绿色小长椅,有秋千架,有浪船,有小图书馆。这些东西,进化里都没有。文明里好玩儿,进化里一点没有好玩儿的,散了课只好在小操场上乱跑,雨天就靠在廊柱上看一条条的雨线。不过张先生变起狮子样的脸来,我真害怕。小王先生要打人,但是他并不打我。他待我很好,说我清洁,又说我功课好,读书写字都是个"优"。我有点喜欢文明,也有点喜欢进化。

一天,学校里出事了,大的同学、小的同学在操场上挤成一堆,大家喊说:"我们不上课了!"小王先生把我们二年级学生招到教室里去,还是给我们教"国语"。

外面的声音闹得厉害，谁还有心思听他讲什么。他没有办法，只好说："你们回去吧，今天不上课了。"

我提了书包走回去，听同学在那里讲，才知道王先生欠了几位先生的钱，拿不出来，几位先生要他拿出钱来才上课，他躲起来了，几位先生也就不上课了。

第二天，我到学校里去，小王先生也不见了，只见大的同学、小的同学还是在操场上挤成一堆，预备室里几位先生在那里抽香烟。

一个穿青色衬衫的大的同学忽然喊起来："我们拥护我们的教师！我们要向校长算账！"

许多同学跟着喊起来："我们拥护我们的教师！我们要向校长算账！"

我想课是上不成了，也没有人来叫我做什么，我就回到家里。妈妈说："明天也不必去了。哪一天上课，总会来通知的。"

过了三四天，邮差送来两封信，都是进化学校的信封，里面的信都是油印的，我想是来通知上课的日子了。妈妈看了，告诉我说："不是的。一封是校长写的，他说实在拿不出钱来，并不是有意欠教员的钱。一封是教员写的，把校长大骂一顿，说若不拿出钱来，请他吃官司。"妈妈又说："我们又不是他们的上司，拿这些话来告诉我们做什么！"

通知上课的信一直不来。爸爸看了报，知道校长还是躲在什么地方不露脸，教员把他告到教育局里去了。我想起校长好像一直在那里笑的脸，不知道他是不是还在那里笑。

一个新办的学校的招生信倒寄来了，叫维新小学，在逢源里，就是进化的几位先生办的。信里说，他们不愿意让进化的学生没有书读，所以办起这个学校来，进化的学生如果去报名，学费可以特别便宜。

爸爸妈妈看了信，差不多一齐说："再说吧。少读几天书也没有什么要紧。"

维新小学的信接连来了四五封，在后的几封，爸爸妈妈看都没有看，就丢在字纸篓里。他们的意思，要把我送进一个好一点儿的小学去。如果距离远，预备搬一回家。

但是问了两三个好一点的小学，都说眼前是不收，下半年收不收，要看有没有空额。爸爸对他们说："让我先报个名吧。"他们把我的名字记在一本簿子上。

就是这样，半年里头，我进了两个学校。哪一个好一点的小学有空额，下半年让我进去，现在还不知道呢。

1935年7月15日发表

一桶水

两个小学生大家挟（jiā）着一卷纸，在一家棚户的门旁边站住。背后跟着六七个比他们大一点儿的男孩女孩，男的赤膊，女的破裤管齐到膝盖，脸上都露出一副等着看戏文的神气。

"里边有人吗？"

"谁？"走出来的是比小学生大一点儿的两个男孩：青布衫敞着胸，头发长到两寸光景。

"你们一家有几个人？"一个小学生看定黑暗的门框问。

"我们一家三个人，"大一点儿的竖起右手的三个指头，"我们弟兄两个，还有个妈妈。"

"你们念过书吗？"

"没有念过。"弟兄两个齐声回答，大家摇一摇头。

"你们识字吗？"

"我们没有工夫识字。"

"你们妈妈识字吗？"

"识字？"一个中年妇人在黑暗的门框里出现了，左手挽着头发，右手拿着个木梳，"你们问我做什么？"

"现在不识字的人都得识字。本地有一百二十四个识字学校马上就要开办起来。教你们识字，一个钱也不要。我们是来给你们记下个名字。"

"我也得识字吗？哈哈！"中年妇人随手梳她的头发。

"除非你满了五十岁，"小学生留神看那中年妇人，估量她的年纪，"你同你的两个儿子都得识字。"

"小弟弟，"中年妇人带着讥笑的意味说，"我们不比你们。你们一个指头都不用动，家里有现成饭吃，念念书，识识字，满写意的。我们吃口饭，全靠两只手，不做就不得吃，哪里来的闲空工夫去念书识字？"

"这不要紧，"小学生亲切地解释给她听，"识字学校是整天开着的。夜里开到九点钟。你们去识字，随你们的便，什么时候有工夫就什么时候去。"

"小弟弟，我还要问你们一句：识了字就有饭吃吗？"

"这个……这个……"两个小学生都涨红了脸。

"哈哈，他们又回答不出了！"围在小学生背后的六七个男孩女孩好像占了便宜似的。

"你们姓什么？叫什么？"一个小学生把挟着的纸展开来，又从衣袋里取出一支铅笔，等着动笔写，借此遮掩自己的窘（jiǒng）态。

"告诉他们好了。"大一点儿的儿子看见娘有些疑惑的样子，就抢出来说。

"告诉他们好了，"六七个男孩女孩和着说，"我们的名字都写上去了，不见得就会给他们摄了魂去。"

"我们姓孙，我叫孙阿掌，弟弟叫孙阿秋，妈妈没有名字。"

"年纪呢？"小学生一边写，一边问。

"我十六岁，弟弟十五岁，妈妈四十一岁。"

"又不对什么亲，连年纪都要问明白做什么？"中年妇人这样自言自语，同时把绞（jiǎo）好的头发挽成个发髻[1]。

就是这一天傍晚，娘儿子三个敲了整天的石子回来，正围着一盏美孚灯吃泡饭，醮头张老大收太平公醮的份钱来了。

孙大娘放下饭碗，从枕头底下检出一个蓝布小包来，解开了，取了两个双毫小银洋，反复看上几眼，就

---

[1] 发髻（fà jì）：头发绾成的结，一般盘于脑后或头顶。

郑重地交到张老大手里。

阿掌、阿秋两个的眼光给小银洋吸引住,直到张老大把小银洋放到衣袋里,还是舍不得离开他那个衣袋。

"我走了,这是收条。"张老大把一张黄纸条放在桌子上,转身走出,随即消失在门外的黑暗里。

"嗤,四毛钱换这么一张黄纸条!"阿掌把黄纸条抓在手里,发出愤愤之声。

孙大娘把蓝布小包仍旧藏在枕头底下,同时说:"你不要把它弄皱了,明天好好儿贴在门上,也算是我们孝敬神道的一点儿意思。"

"他一拿就是四毛钱,叫我们三个白做一天的生活!"阿秋顺着哥哥的口气。

"你不要说这种罪过话,"孙大娘眼望着阿秋,轻轻地说,好像怕给谁听见似的,"我们应该孝敬神道,说什么白做不白做!我们但求常常有生活做。我们但求神道保佑,不要把我们的破棚烧得精光。出几毛钱,我是不心痛的。"

"太平公醮每一年要打两回,可是火烧每个月就至少有两回,神道的保佑在哪里呢?"阿掌放下手里的黄纸条,一口气把剩下的泡饭吃完,随即跑到锅灶旁边洗碗筷。

"而且烧起来总是大烧，"阿秋也吃完了泡饭，带着碗筷走到哥哥身边去，"不是四五十家，就是一二十家。神道简直把我们当做玩意儿，他爱听我们的啼哭，他爱看我们坐在焦炭堆上！"

"难道你们两个发痴了？神道的事儿也好随口嚼蛆①？"孙大娘念了几声阿弥陀佛，才匆匆吃完她的夜顿。

但是阿掌并不就此住口，他看着阿秋说："每家人家四毛钱，你算算看，三百家人家一共多少钱？"

"三四一千二百毛钱，换起大洋来，就是一百块钱不到一点儿。"

"每年两回就是两百来块钱。这笔钱省下来，很可以派用场。白白送给道士真是傻。"

"你说不用打醮吗？"孙大娘洗罢锅灶，正擦着手，睁大了眼睛说，"一年打两回醮，还是常常要火烧。若说不打醮，只怕天天要火烧哩。"

"防火烧该有旁的法子，"阿掌伸张两条胳臂，挺一挺胸膛，"我们要把那法子想出来，再不要年年花冤枉钱。"

---

① 嚼蛆：胡说，瞎说。

"冤枉钱！"孙大娘一屁股坐在床上，"大家情情愿愿出钱，谁也不叫一声冤枉，自然有不冤枉的道理在里头。难道大家都是呆子，独有你是个聪明人吗？你没有进学堂去念洋书，就有这么些昏想头。等到你依了今天来的两个小学生的话，真个去念起洋书来，昏想头一定还要多呢。哼，我们实在用不着念什么洋书！"

"妈妈，我也不爱念什么书，念了书还不是去敲石子，"阿掌站到孙大娘面前，"不过，打醮的事情，我已经想了好几天了，你不相信，只要问阿秋。那天张老大来关照，说又得出份钱了，我就不快活。我们的钱是力气换来的，又不是偷来抢来的，为什么要花到那种事情上去？我总是这么想，防火烧该有旁的法子。"

阿秋接上说："这一回的钱，张老大已经拿走，不必再说。下一回再打醮，妈妈，我们不要出钱吧。我们……"

阿秋的话没有说完，忽然外面扬起一片喊声。"火呀！""火呀！""妈妈呀！""爸爸呀！""奶奶呀！""救命呀！""救命呀！"这些声音搅和在一起，尖锐，哀酸。

"又火烧了！"娘儿子三个急忙向门外跑。只见东边约摸离开五六十家的人家正冒浓烟。狭窄的小弄两旁边，人影子一会儿闪进草棚里去，一会儿又闪出来，抱着孩子，背着东西，嘴里喳喳地嚷些什么。有几个人提着水桶跑过。有几条草狗赶来赶去乱叫。

"离张老大的家不远了。"阿秋说了一声，就牵着阿掌的手向东跑去。

三四个火舌头吐出来了，照见那草棚近旁挤着许多人。烧红的芦柴屑飘飘扬扬飞到天空。作为柱子的毛竹发出毕毕剥剥的爆裂声。一阵风来，火舌头就舔到靠西一家的棚顶。

"啊……"挤着的人一阵呼喊，像受惊的蜂群似的骚动起来。

"阿弥陀佛，阿弥陀佛。"孙大娘突然醒悟似的，回进自己的草棚。

半个月以后，阿掌阿秋进识字学校了，因为白天要做生活，他们吃过晚饭去。同在一起的是邻近的年纪相仿的男孩女孩，一伙儿去，一伙儿回，有说有笑，倒也没有什么不惯。可是字实在难认。那先生教一个字要翻来覆去说上一套话，听听也不免有点儿厌烦。孙大娘是没有去，她说："有工夫识字，还不如乘乘风凉，早点儿睡觉。"警察到过她家里一趟，告诉她不去识字就得受罚。她含糊答应了，等警察转了背，努着嘴说："什么都用得着你们管！不识字又不犯法，看你们怎样来罚我！"

在到校和回家的路上，阿掌、阿秋和同学常常谈起最近一回火烧。一连烧去三十几个草棚。一个老太婆两个小孩丧了命。救火车开不进狭窄的弄堂。水桶拿不出许多。往来取水只是杂乱无章的一阵胡闹。问到起火的原因，只为捉臭虫烧着了芦柴墙。太平公醮就在火烧的第三天开场，接连打了三天，醮头张老大就是烧得精光的一个。真个有神道的话，那神道简直是专同人家开玩笑的坏蛋。谈到末了，阿掌就来这么一句："防火烧该有旁的法子。"

一群少年男女几次商量的结果，大家认为草棚本来是容易着火的东西，又加烧饭点灯都在零乱的家具旁边，一不当心，自然就闯出祸事来了。最要紧的还在把零乱的家具收拾得清楚一点儿，锅灶不要贴着墙壁，点灯的桌子上或者凳子上不要放旁的东西，臭虫要在白天里捉，每晚上要仔细看过，有没有火种留下，才好睡觉。

"我们一共有三百家人家，要家家这样做，只怕不容易吧。"

"我们这里有三十多人，用我们的嘴，一家一家去劝，每人劝十家，事情就成了。"

"单只是劝，还是不行。我们应该在自己家里先做起来，给人家做个样子。"

"我们还要去替人家收拾，"阿掌兴奋地说，"人家怕事，懒得动，我们可不怕事，喜欢动！"

"我们几时开头呢？"

阿掌说："就是今晚上开头好了。天气热，早睡也睡不着。我们有的是嘴，要好言好语劝人家，等人家相信了才罢休。"

这时候，他们已经走进棚户的区域。昏暗的小弄里，两旁排列着乘风凉的人，扇子劈拍劈拍地乱响，唱山歌声和小孩啼哭声搅在一起。那些人看见这些识字学生，不由得带笑带讽地说："读书官人回来了，读书官人回来了。"

识字学生散了开来，各就自家邻近的人进行劝说，板凳有空地位，把屁股点在板凳角上，不然就蹲下来，以便和听话的人齐肩。大家一听到提起火烧的事，言语好像开了水闸，滔滔汩汩泻个不歇。到后来听说防止火烧可以从收拾家具入手，有些人就不免笑起来。说事情只怕没有那样便当。烧不烧到底在天意，天意不要你烧，你去放火也烧不着。并且，要收拾得清清楚楚须得有空地方，草棚只有那么一点点大，什么东西都挤在一块儿，你要收拾除非把东西丢掉。

识字学生于是作第二套的劝说。收拾总比不收拾好点儿，就不为防火烧，东西有了一定地方，使用起来也便当得多。并且，东西也不用丢掉，收拾之后，屋里自然会见得宽大起来。又说，这个事情并不难，不妨试一试，只要少乘两个晚上的风凉就成了。以后只要永远记着，什么东西在什么地方，再没有旁的事情了。如果人手不够，或者嫌麻烦，愿意给他帮忙。

听话的人这才带点儿勉强答应下来，说："你们这批孩子念了洋书就有新花样。譬如白做义工生活，依从你们收拾收拾吧。"

识字学生见目的已经达到，不再同人家多辩，就站起来去劝说第二家。

不到三天工夫，收拾东西的劝说传遍了棚户的区域，动手收拾了的也有百来家。就说孙大娘家里，已经改变了面目。躲在里角的锅灶搬到了门旁边。小小的一只破板箱专盛木柴，和锅灶隔开一个水缸。板箱上面挂着小竹橱，里面放着盐瓶油罐饭碗那些东西。一横一竖两张板床贴着里角。娘儿子三个所有的衣服打成两个包裹，放在板床的脚横头。除了便桶以外，一切盆桶瓶罐都藏在床底下。原来挂着的撕破了半边的天官像收下来充了柴火，就在那地方挂着娘儿子三个做生活用的几柄小铁椎。一张板桌站在屋中心，桌子上只有一把泥茶壶一只绿豆色茶碗陪着那盏美孚灯。桌子旁边是一条长凳，一把坏了靠背的椅子。

邻舍跑来看了，说："孙大娘，你们的东西好像少了许多，你们的屋子好像大了许多了。"

孙大娘用并不严重的埋怨口气回答："他们弟兄两个起劲，把屋里翻了个身。现在好像新搬场，样样东西都不凑手了。"

"我们也是这样。不过收拾过后，眼睛看去觉得清爽，坐坐躺躺也舒服些。真不明白，我们从前为什么只管乱摊乱塞，把家里搞得像狗窝？"

没有动手的两百来家听到这样的话也就兴奋起来。好久没有拂拭的芦柴墙掸去了灰尘。霉蒸气的破篮子破箱子被提到门外头浴着太阳光。躲在各处的臭虫遭了劫运，不待出来吸血就被屠杀。衣服棉被重新经过折叠。瓶甏之类擦的擦，洗的洗，都显出一副新面目。他们有的看人家的样，有的自出心裁，给一切东西找个新的适当的位置。他们好像参加一种游艺的竞赛，不爱惜自己的力气，同时也忘了为什么要这样做的目的。只有十来家是孤老头子或者年迈的老太婆带着她的小孙子，他们颓唐得厉害，鼓不起中年男女少年男女那样的兴致。阿掌、阿秋一批人就给他们代劳，实践了自己的约言。

"我们也得收拾收拾道路呀。"不知道是谁这样提了出来。

"好的！"许多扫帚就在各家门前扫动，使成群的苍蝇骇得一阵乱飞。

一群识字学生从学校回家，一路踏着象牙色的月亮光，谈谈说说，又提到各家收拾东西的事情。

"喂，"一个推塌车的少年工人提高嗓音说，"你们有没有留心？有许多人家又把东西乱摊乱塞，木柴木花堆在灶门口，火油灯摆在眠床旁边了！"

"怎么没有留心？"一个纱厂女童工接上说，"不过我们家里还是像前些天一样，没有改变。"

"单单我们家里整齐是不行的，"阿秋立刻给她个回驳，"三百家人家挤得紧紧的，一家闯出祸事来，就有许多家陪着受累。故而非家家整齐不可。"

阿掌说："我看，我们得再来一次劝说。只有一句话，大家要像念佛一样，念在口里，记在心里。就是说：'要防火烧，第一要把家里收拾清楚。'他们当初只是一窝蜂，听了我们的劝说就收拾一下，并没有留心到这一层。现在须叫大家特别留心。"

"倘若大家识了字，就可以把这句话大大地写起来，贴在各家墙上了。"对于识字并不感到兴趣的一个香烟厂童工忽然发现了文字的用处。

"今天警察又来过了，"一个翻砂厂的少年工人接上说，"说十天以内谁不去上学校，就得拉到局子里去。"

"大家想不透识字有什么用处，字又那么难识，硬逼也是白费心思。"阿掌停顿了一下，又说："像我们妈妈，她就说有工夫识字，还不如早点儿睡觉，让身子多歇息一会儿。——这且不要管她。我想，我们还得劝说一桩事情，就是每家预备一桶水。救火车开不进我们的弄堂。火起了，慌慌忙忙到河里去取水，取起一桶来至少泼掉半桶。故而要在平时预备一桶水。"

"你这法子好，"推塌车的少年工人拍手说，"每家一桶，三百家就是三百桶。"

"我想，"香烟厂童工抬起头来望着月亮，"那一桶水还得放在一定的地方，用得着的时候，拿起来就一点儿不费事。"

"照这样说，"翻砂厂的少年工人想得更进一步，"我们应该时常练习救火。怎样提水桶，怎样向火起的地方跑，怎样回转身来再去取第二桶水，都要练习得很熟很熟，到时候才可以不慌不忙把火救熄。你们看，救火会里不是时常在那里练习吗？"

一群识字学生听到这里一齐拍手说："什么事情都要商量，越商量越会有好主意。现在我们可以同火神抵一抵了！"

他们怀着热烈的心情，一跑进棚户的区域，就分头向各家劝说。

"读书官人，你们又有什么新鲜花样吩咐我们了？"影子斜拖在地上和墙上的男女乱纷纷地问。

"要防火烧，第一要把家里收拾清楚！"

"要防火烧，每家必须预备一桶水！"

他们说家里要永久收拾清楚，不可今天弄清楚，明天就弄乱了。又说一桶水要永久放在一定的地方，大家要一同来练习救火。

阿掌劝说的是张老大。张老大的新草棚又搭起来了，毛竹芦席和稻草都是赊来的。他正牵挂着新债务在那里叹气，听了阿掌的话，恨恨地说："让它再烧吧！把我人都烧死顶好！防火烧，我不高兴！谁保得定防了就不烧？"

"张伯伯，你当醮头，很起劲的，吃了自家的饭，干大家的事。现在说的也是大家的事，为什么就不高兴了？难道你只相信神道，不相信自己吗？"

"相信自己又怎么样呢？"张老大眼瞪瞪地望着稻草还没有剪齐的屋檐，"一会儿烧起来了，我一个人，两条胳臂，也奈何它不得。"

阿掌举起两只手，说："我们有三百桶水，我们有练得熟透了的救火本领，怎么说奈何它不得？从前吃亏在我们没有合起伙来干，现在我们合起伙来，力量就大了。张伯伯，你要相信我们自己的大力量！"

"你说合伙合得成吗？"张老大幽幽地说。

"怎么合不成？打太平公醮，大家情情愿愿出钱，这就是合得成的凭据。现在说的比打醮更有把握，大家为了自己，自然会高高兴兴合起伙来。"

"这件事情我总不来领头。"张老大还是有点儿不信服。

"张伯伯，我们不要你领头。你只要依我们的话，平时预备一桶水，到练习的时候，你也来一起练习，就是了。"

"就依你吧，"张老大有气没力地说，"现在年纪大的都得跟从你们小伙子了！"

镗，镗，镗。破锣声在棚户区域里跑过。停了一口气的工夫，又是三声：镗，镗，镗。

家家门里立刻都冲出一个人来，男女老少都有，手里各提着一个水桶，木桶铅桶都有。

"三声是西边，向西边跑呀！"像风吹的落叶似的，人群向西边涌去。西边的落照正红，仿佛真有个火烧场在那里。

"哈哈，好玩的事儿，我们去救假火！"

"看见吗，你的水泼掉半桶了？"

推塌车的少年工人高声地叫唤："大家不要嘻嘻哈哈！救假火要像救真火一样！水不要在半路里泼掉！要浇在火场上才不可惜！"

人群冲到棚户区域西边的尽头，只见阿掌站在一个土堆上，手里举起一面红布小旗子。这是火场的记号，大家就争先把桶里的水向土堆浇去。有些人跑上土堆，去浇阿掌的身体，嘴里喊着"给你淴[①]个浴！"

阿掌立刻成了落汤鸡，衫裤通湿，淋淋地滴着水。

[①] 淴（hū）：洗澡。

"哈哈！"大家觉得有趣，都停了步看着阿掌大笑。不担任提水桶的男女和小孩也踏脚拍手助兴。

"你们忘了！"阿掌挥动旗子，好似军官一般威严，"赶快到河埠头去，取第二桶水来！你们闲看的让开一条路！你们这样团团围住是要误事的！"

人群一阵移动，闲看的站到两边。浇过了水的急忙转身向南，抄到河埠头①去。后到的才得挨近土堆前浇水。

一会儿，落照已经收了光，阿掌估计差不多个个人浇掉两桶水了，就发出命令说："今天的练习就此完毕。往后听见锣声再来。一件事情不要忘了，空桶得取了水带回去，放在老地方！"

"啊，我们打太平锣回去！"大的小的宽的尖的喉音一齐仿效着锣声："汤，汤，汤——镗，镗，镗。"脚步踏在湿漉漉的泥地上，发出兹札兹札的声音。

阿掌从土堆上跳下来，望见张老大的背影，提着一个空铅桶独自走去，就追上了他。"张伯伯，你看今天不是大家都来了吗？"

"唔。要是早有这回事，说不定我的草棚不会烧掉

---

① 埠（bù）头：码头。

了。你想,离开起火人家有八家呢。"

"今天大家不很认真,往后还得好好地练习。要练习得像兵操一样,又认真,又整齐,又勤快,那我们就不会吃火烧的苦了。"

两个人并排走了二三十步,阿掌又自言自语说:"我们更得劝大家识字哩。要是有一种容易识一点儿的字就好了。"

"怎么说?"

"我们这里不识字的多。有一句话,一定要一家一家去传说。听了的还是要弄错,要忘掉。张伯伯,你是识字的。倘如大家都识了字,有什么话不是可以写在纸上贴起来吗?譬如救火方法,就可以一句一句写出来,叫人家看得明白,记得牢固。"

"你的话不错——我要到河埠头取水去,你先走吧。"张老大和阿掌分路。

阿掌回到家里,只见阿秋已经取了一桶水,放在板床横头。他高兴地说:"阿秋,等会儿学校里回来,我们来练习造句,说的是救火方法。"

"好的。"阿秋跟着娘盛冷饭,回转头来答应。

1936年1月1日发表

儿童节

"爸爸妈妈许下我了,明天带我去看《国色天香》。那是一张歌舞片子。我顶欢喜看歌舞片子。"王大春的肩膀贴着李诚的肩膀,歪左歪右地走着,他说罢,从印着红字的纸袋子里掏出一片蛋黄饼干,往嘴里一塞。

李诚也有纸袋子,可是他并不掏出饼干来吃,只用两只手捧在当胸,像请了一件宝贝。他摇摇头说:"歌舞片子没有什么好看,我看过《科学怪人》,那真好看。死尸经科学家使了科学方法,活起来了,直僵僵地走着。不过胆小的人看了就会害怕。"

"你说你胆大吗?你敢不敢独个儿睡在一间屋子里?"王大春嚼着饼干,发音不很清楚。

"我为什么不敢?"

"等会儿鬼出现了,你怎么办?"

"你说鬼到底有没有?"李诚用胳膊推挤王大春的身子。

"怎么没有?我奶奶十几岁的时候亲眼看见过两回

鬼。小脚，拖着很长的袖子，身子袅呀袅的，原来是个女鬼。"王大春表演袅呀袅的姿态，可是身子左右摇晃，两条腿向外弓着，活像卓别林。

"这样吗？"李诚听得出了神。"我妈妈告诉过我两句话，叫'不可不信，不可全信'。她说，有些人真会看见鬼，我们怎么能不信？可是一味闹鬼，那就是迷信了，所以不可全信。"

王大春对于信不信的话不很感兴趣，又掏出一片饼干塞到嘴里。忽然看见距离十来家铺面，有一个相熟的背影一步一顿地前进，他就喊："张蓉生，等我们一块儿走！"

张蓉生站住了，回转头看。待后面两个赶上的时候，就并着王大春的左肩，重又开步。

"今天晚上提灯会，你加入吗？"王大春拉着张蓉生的衣袖。

"我不加入。晚上天气冷，在路上提灯会伤风。并且提灯会也没有什么好玩。"

"你不要瞎扯瞒我了，"王大春的手往上移，抓住了张蓉生的长衫的前胸。"我知道你为的交不出两毛钱的灯费。"

张蓉生的脸立刻涨得通红，喃喃地说："你瞎说，你冤枉人家！两毛钱的灯费，什么稀奇！我自己就积有两块钱，一百五十个铜子，藏在妈妈的箱子里。"

"那么你到底为什么不加入提灯会呢？"李诚向左旋转了头。

"我爸爸叫我不要加入，他说提灯会没有什么意思。"张蓉生抑制着自己的感情，好像提灯会真没有什么意思似的。

"你为什么不听先生的话？"李诚不肯放松，还要问个明白。"先生不是说的吗？'儿童要快快活活过儿童节，加入提灯会可以得到最大的快活！'"

"先生的话同爸爸的话比，自然应该服从爸爸的话。"张蓉生眼睛看着鼻子，态度很严正。

"爸爸的话错了呢？"李诚再进逼一句。

"爸爸的话没有错的，"张蓉生直接地回答。顿了一顿，又说，"就是错了，还是应该服从。"

"为什么？"

"我们要想想，我们是爸爸生出来的，所以我们应该孝顺他，应该服从他的话。就是爸爸要我们死，我们应该立刻去死！"张蓉生说得很激昂，把拳头举过了头顶。

"这样吗？"

"还有，我们应该服从爸爸的命令，我们的爸爸应该服从皇帝的命令。爸爸的话决没有错的，皇帝的话也决没有错的。"

"你这小卖国奴！"王大春听得生起气来，破口就骂。"你可知道，现在是民国时代，没有皇帝了？"

"我爸爸说的，早晚总得有个皇帝，国家才搞得好。"张蓉生的眼睛望着空中，好像教徒在祈祷天国的来临。

"我打你这小卖国奴！"王大春一拳落在张蓉生的右臂上。

"哈哈，"李诚拍着张蓉生的胸脯，"你们父子两个倒是皇帝的忠臣！"

张蓉生觉察自己势孤，拔脚就跑，右手里的饼干袋子向后一扬一扬的。跑了二十多家门面，向左拐弯进一条小巷子去了。

王大春和李诚也不去追他。赶走了卖国奴，不免有点儿胜利的骄傲，两个人大模大样地走着。

忽然李诚的注意给一个讨饭的孩子吸引住了。那孩子大约八九岁。从头发到脚背，从衣领到鞋，没有一处地方不脏。可是一对眼珠乌亮亮的，像两颗云石的棋子，而且非常熟悉。想了一想，李诚才省悟那一对眼珠竟同弟弟的一模一样。他不觉撕开手里的纸袋子，取两片饼干递给那孩子，同时咕噜着："今天儿童节，给你吃两片儿童节的饼干。"

讨饭的孩子接了两片饼干，莫名其妙地看了一下，一同送到嘴里。随即回转身子，向他妈妈奔去。他妈妈坐在地上，背靠着电线杆。蓬头皱脸。破棉袄完全不扣，只用一条草绳在腰间围了两道。怀中裹着个衔住奶头的婴孩，精赤的小肩膀都露出在外面。她看见孩子背后有个中年绅士走着，像是掏得出一个铜子的，就努一努嘴，向孩子示意。孩子于是伸着手，回转头，"先生，做做……先生，做做……"这样随口唱着。孩子走过他妈妈的身边，眼光也不溜过去看他妈妈一下，好像并没有人坐在那里似的。

王大春和李诚跟在中年绅士背后，看那孩子干他的营生。中年绅士起初是把头转向另一边，给那孩子个不理睬。后来却面对着孩子，仿佛还点了点头。那孩子以为有希望了，"先生，做做……先生，做做……"声调变得热切起来。但是中年绅士的两手还是反剪在背后，并不掏出一个铜子来。

王大春说："那小叫化倒有恒心，跟了那么些路，还是不肯休歇。"

李诚轻轻说:"那个人的恒心也不错,给跟了那么些路,还是不肯掏出一个铜子来。"

"他们两个在比赛呢,谁先歇手谁就输。"

"你看,"李诚指着前方,"不知道是什么事情!"

前方簇聚着二三十个人,中心矗起一堆红红绿绿的东西在那里晃动。

王大春和李诚不由得放弃了小叫化和中年绅士的比赛,跑到许多人簇聚的地方,从人家胳肢窝下往里挤,才看清楚被围在中间的是两辆人力车。一个小车夫拉住一个矮胖的车夫,咬牙切齿地说:"是我先接应,你怎么抢我的生意!"

"我不要坐你的车,"人力车的主顾顿着足,手里矗起的一些彩灯霍霍地发响。"这么小的年纪,你跑不快!"

矮胖的车夫得意了,他对小车夫冷笑一声,说:"阿弟,你听见吗?人家不要坐你的车,再不要怪我抢你的生意了。"说着,摆脱了小车夫的手,就去蹲在车柄中间,准备拔脚飞奔。

小车夫向周围看了看,仿佛找寻援助似的,然后一把拉着主顾的衣襟,尖声说:"年纪小,不关事,保你跑得快。先生,坐吧!"他仰起瘦脸,一副恳求的神气。

"巡警来了!"看热闹的人嚷着。

巡警从暂时分开的人体间挤进来。"什么事?"白边帽子得劲地这么一侧。

两造同时诉说自己的不错,对方的岂有此理,又加上旁人的唧唧喳喳,使巡警只好皱起眉头咂(zā)嘴。他随即把警棍一挥,马马虎虎地说:"去!"

执着彩灯的那人立刻转身,坐上矮胖的车夫的车。车夫提起车柄,得意地冲出重围而去。彩灯有钟形的,有地球形的,有飞机形的,有军舰形的,摇摇晃晃过去,不由人不用眼光相送。至于小车夫怀着一肚皮的气,拖着车向反对方向走去,大家全都没有注意到。

"那些灯做啥用的?"

"今天是什么节,不是清明节,是一个新花样的节,晚上有提灯会。"

"今天叫儿童节。"王大春给那人说明。

"不错,叫儿童节,是你们小弟弟的节日。现在的节日太多了,听说还有妈妈节先生节呢。"

"儿童节啥意思?"

"儿童节是我们寻快活的日子。"这回李诚开口了。"我们在学校里开会,唱歌,演戏,吃茶点,"把手里的纸袋子一扬,"晚上还有提灯会。"

"那么提灯会里全是你们一批小弟弟了?"

不等李诚回答,另一个的问题又来了。"你们可知道,提灯会过不过青龙坊?"

一个沙嗓子的抢着说:"县政府在那里,县党部也在那里,哪有不过青龙坊的!"

"今晚上我们早些吃晚饭,到青龙坊看提灯会去。"

"小学生提灯会,"一个干瘪的老人用拖长的低音说,随即摇摇头,"没有什么好看。张大帝出会才好看呢,黄亭子抬着玉如意,金丝线绣的万民伞,还有四四十六名刽子手,红衣服一齐敞开,凸出了巴斗一般的大肚子。提灯会有什么好看!"

"我要看提灯会。"一个挂着鼻涕的女孩似乎偏不相信老人的话,牵着她妈妈的手就要去看。

这当儿簇聚着的人渐渐走散了,王大春和李诚也就想起动脚,走不到几步,只听得清脆的一声,不知道那妇人的手打在女孩的哪一部分。同时女孩"哇"的一声哭了。那妇人跟着骂:"小鬼头,也要看提灯会!谁有工夫带你去看?那是他们学生的事情,要你干起劲做什么?你这小鬼头!"

骂声和哭声淡得像烟雾的时候,王大春说:"我不打算吃晚饭。吃了晚饭到学校，只怕嫌迟。我要妈妈给我买十个奶油面包，带在身边吃。"

"我妈妈昨天许过我，给我带八个暹罗①蜜橘。"李诚抿着嘴，耸着颧颊，表示得意。

"那么你也不要吃晚饭吧。我们交换着吃，我给你吃奶油面包，你给我吃暹罗蜜橘。"

"好的，好的。"顿了一顿，李诚又说，"你一到家，就去买面包。买了来看我，我们一同到学校。我们要第一个到！我们要帮同先生把那些灯烛点起来！"

仿佛已经看见了灯烛辉煌的美景，他们两个肩膀贴着肩膀，齐着步调，嘴里哼着先生教给他们的口号："增——进——全——国——儿——童——的——幸——福！"

1936年4月4日发表

---

① 暹（xiān）罗：泰国的旧称。

寒假的一天

我醒了。窗上才有朦胧的光,远处的鸡一声接一声啼着,很低沉,像在空坛子里。

弟弟的身躯转动了一下。

"弟弟,你醒了吗?"

"我醒了一会儿了。不知道雪还下不下。如果还在下,那个雪兵要胖得认不得了。"

我听说,一个翻身爬起来,披了件小棉袄就去开窗。

庭心里阴沉沉地发白。

"雪已经停了。"我可惜地说。

"我们去看看那个雪兵吧。"弟弟也就推开棉被,坐了起来。

草草地穿着停当,我们两个开了后门,探出头去。

"呀,倒了!"我们齐声嚷。

雪兵的形体毫不留存。只见一堆乱雪,凹凹凸凸,像个大馒头,刚经受巨兽的齿牙。

弟弟几乎哭出来。我也很难过。

一件心爱的玩具得不到手，一处好玩的地方去不成功，都不值得伤心。唯有费了一番心思制作出来的美术品，忽然给破坏了，而且破坏得干干净净，再也认不出当时的心思和技巧，这才是世间最伤心的事情，永远忘不了的。

"怎么会倒了的呢！谁把它推倒的呢！"弟弟恨恨地说，两颗眼珠瞪视着那堆乱雪。

"我看出来了，"我说，"这么宽大的皮鞋，鞋后跟一块马蹄铁，除了巡警还有谁。一定是查夜的巡警把它推倒的。"

弟弟细认雪上的鞋印，同时骂："该死的巡警，你不向它行个礼，倒把它推倒，真是岂有此理！"

进早餐的时候，爸爸大概看出了我们两个的懊恼脸色，关心地问我们为了什么。

我就把刚才发现的不快事件告诉爸爸，并且说："是很有精神的一个雪兵。你昨天早些回来就看得见了。今天本来想等你起来了请你去看，谁知道早给查夜的巡警推倒了！"

"就只为这件事情吗？"爸爸的眼光好比一双慈爱的手，抚摩了我又抚摩弟弟。"这有什么懊恼的？雪还积在那里，你们再去塑一个雪兵就是了。"

"不要吧！"妈妈这么说，大概想起了昨天给我们做的烘干洗净等等工作。

于是爸爸转换口气说："要不然，到公园去走一趟也好。前几年没下过这样大的雪，这里公园的雪景，你们还不曾看见过呢。"

"好的，我们到公园去！"弟弟给新的希望打动了。

我在昨天就想到公园里去看看。公园里有两座土山，有曲折的小溪流，有一簇簇的树木，有宽阔的平地，盖上厚厚的雪，一定很好看。我同样地说："好的，我们到公园去！"

吃罢早餐，我们两个出门了。

踏着很少残破的雪地，悉刹悉刹。一步一个鞋印，再一步又是一个鞋印，非常有趣。

经过了两条胡同，来到大街上，可不同了。早起的行人把大街上的白雪踩成了乌黑的冰屑，湿漉漉的，东一堆，西一堆。人力车的轮子和人力车夫的脚冲过的时候，带起稀烂的冰屑，向人家身上直溅。而且滑得很，一不留心就会跌跤。我和弟弟只得手挽着手走，时时在店铺的檐下站住，相度前进的路线。

大街上比平日热闹。

农人的担子里装满了冻僵的菜和萝卜。渔婆的水桶里挤满了大大小小的鱼。他们停歇的地方就有男的女的围着。论价钱，争斤两，闹成一片。

肉铺的横竿上挂着剃得很白净的半爿猪。还有猪的心、肺、大肠、小肠等等东西陪衬在旁边，点点滴滴滴着红水。重大而光亮的肉斧在砧桩上抡起。散乱的铜子刹郎郎地往钱桶撒去。

糕饼铺把黄白年糕特别堆叠在柜台上，像书局里减折发卖的廉价书。

南货铺站着十来个主顾。一斤白糖。三斤笋干。两包栗子。四百文香菌……三四个伙友应接不暇，不知道应付了哪一个好。

绸缎布匹铺特别清静。大廉价的彩旗退了色，懒懒地飘着，似乎要睡去。几个伙友尽有工夫打呵欠，抽香烟，或者一个字一个字诵读不知道是当天还是隔天的报。

行人手里大都提一只篮子，盛着他们所需要的东西。篮子盛满了，另外一只手就捉一只鸡，提一条鱼，或者请一副香烛。

也有一点东西都不带的人，皱着眉头，急急忙忙走着，脚下也没有心思看顾，一步步都踏着了泥浆。另外一些人把整个脑袋藏在皮帽子和大衣的高领子里，光露出两只眼睛,骨溜溜的,观赏早市的景色。这边看一看,那边站一站,好像什么都引得起他们的兴趣。待走到茶馆门首,身子往里一闪,不见了。

零零落落传来一些声音:娿娿娿地响了一阵,突然来一声喤……,一会儿又听得吉刮吉刮,仿佛燃放鞭炮。

"这是什么?"弟弟拉动我的手。

我想了一想,说:"他们打年锣鼓呢。按照阴历,今天是小年夜。"

"我们看去。"弟弟感到了兴趣。

可是走到发声的地方,打锣鼓的几个孩子恰正放手,他们一溜烟跑到里面去了。那是一家酒店,大铜锣,小铜锣,大钹①儿,小钹儿,都搁在酒坛头上。

我们两个不禁对着这些从未入手的锣鼓家伙出神。我想,如果拿在手里,当当当娿娿娿地敲打起来,那多有趣。

忽然街上行人用惊奇的口气互相谈论起来。

"看,这一批什么人!"

---

① 钹(bó):一种乐器。由铜制成,圆形,中间隆起,由两个圆片组成一副,相互敲击以发声。

"看他们的打扮，大概是学生。"

"手里拿着小旗子呢。"

"写的什么呀？"

"喔，宣传什么的。"

我回头看，只见一二十个穿着藏青呢衣服的人急匆匆跑过来。泥浆沾满了他们的裤管。他们的脸色显出疲劳，眼睛大都有点发红，似乎好几夜没有睡好了。

"他们作救国运动的。"弟弟看了尖角的小白旗子就明白了。

我们学校里每天早上有时事报告，先生把报上看来的收音机里听来的说给我们听。爸爸每天吃过晚饭，也常常说到这些。大学生成群结队到南京去呀，铁路给拆断了，许多旅客和货物拥挤在各处车站上行动不得呀，大学生自己修铁路，自己开火车，到了地儿还是被解回去呀，他们预备散到各地去，把万万千千的心团结成一颗心呀：关于这些，我们记得很清楚，仿佛还是昨天的事情。

这当儿宣传队停步了，一字儿排开，开始他们的宣传工作。

小白旗子挥动了一阵，一个高个儿站到酒店对面一家饭馆子的阶石上，激昂地叫唤着"亲爱的同胞"，就此演说下去。

那高个儿浓眉毛，宽阔的前额，一会儿仰起了脸，像在那里祈祷，一会儿停了言语，悲愤地望着当街的听众。他的两只手常常举起，作种种姿势，帮助言语的力量。

"弟弟，"我高兴地拍着弟弟的肩膀，"你认得吗？这是何家的表哥！"

"就是他吗？"

我想了一想，我们搬到这里来之后，还不曾见过表哥的面呢。他比从前高了许多，脸也改了些儿样。莫怪弟弟认不真了。

弟弟又说："我们去招呼他，好不好？"

"等他说完了，"我拉住弟弟的手，"我们再去招呼他。现在我们听他演说。"

演说延长了十五分钟的样子。他说到国势的危险，敌人的野心和阴谋，坚决抵抗的可能和必要，大家一致起来的坚强无比。

听众起初还是咿咿嘈嘈地，随后越来越静默，只有表哥的声音在空中流荡，显得很响亮。时时有停步的人。人圈子渐渐扩大起来，挤住了通过的人力车。店铺里的人踮起了脚，侧转了头，眼光集中到表哥身上。

演说完了的时候，我们想挤往前去招呼表哥。可是表哥依然在饭馆子的阶石上，两手支在腰间，热切地望着听众，似乎还有话说的样子。

听众得到这个空隙，就你一句我一声地开口了。

"他们真热心！这样冷的雪天，又是大年小夜，不坐在家里乐一会儿，倒跑出来宣传。"

"他的话是不错的！照现在的样子总不成，人家进一步，我们退十步，退到了着墙碰壁，再往哪里退！"

"不过救国的事情太大了，我们怎么担当得起！"

"你没听他说吗？大家拿出力量来，比什么东西都强，任它来的是什么，都不用害怕！"

"谁不肯拿出力量来！孙子才不肯拿出力量来！要是真的那样的话，不说别的，连性命都可以奉送！"

"你要吃年夜饭呢，不要性命不性命地乱说！舌头是毒的，随口说说有时真会说着。"

"没关系。我不开玩笑，是规规矩矩的话！"

"亲爱的同胞！"表哥又开口了。"我们能够到这里来和各位谈话，并不是容易的事情！

"我们不坐轮船，火车。我们用自己的两条腿，沿着公路跑。为的是要到各个乡镇去，和乡镇里的同胞见面，谈话。风雪，寒冷，还有饥饿，这几天受够了。可是我们非常兴奋，快活。因为遇见的同胞都赞成我们的话,像亲兄弟一样欢迎我们,让我们休息,喝茶,吃东西,并且给我们一颗又热烈又坦白的心!

"今天早上,我们五点钟起身。在寒冷的黑暗中,在积雪的道路上,一口气跑了二十里,来到这里的城外。却遇到阻碍了!遇到阻碍原在我们意料之中,但是我们没想到竟会用类乎拆断铁路的办法——关城门!"

"关城门?"听众诧异地说,这中间有我的一声。

"我们望见城楼耸起在空中,我们望见城楼底下的城门明明开在那里。不知道谁报了信,不知道谁下了命令,待我们跑到离城门五六十步的地方,城门突然关上了!把我们看做盗匪!把我们看做敌寇!

"我们遏制了心头的愤怒,高声说明我们的来意,叫把城门开了。但是没有人答话,死板板的两扇城门给我们个不理睬!

"我们不由得向挤在我们后面的同胞诉说:'这里是中国的地方!中国还没有亡,为什么不许中国人进中国的城?为什么不许中国人救自己的国?'

"许多同胞有呼喊的,有流泪的。大家说:'我们一同来把它撞开!'

"城门外不是有两条石头吗?我们和许多同胞就抬起石头,'一,二,三,撞!''一,二,三,撞!'

可是只把城门撞得震天价响，还是不能把它弄开。

"这当儿，我们有五个勇敢的同学却去想别的法子。他们凭平日的锻炼，一个肩膀上站一个，爬进了城墙，拔去了门闩①。我们这才能欢呼一声，跑进中国人自己的城，来到这里，和各位谈话。亲爱的同胞！请想想，不是很不容易的吗？"

"有这样的事情！"

"我们倒不知道！"

"岂有此理！"

"关城门！——乌龟缩头的办法！"

听众都对这批大学生表同情。就说我吧，也仿佛觉得被关在城外的就是我自己。

表哥回到队伍里去了。换上一个非常清秀的人，也用"亲爱的同胞"开场，继续演说。

这是招呼表哥的机会了。我们推动人家的胳臂，挤开人家的背。可是前后左右都在压迫过来，我们几乎透不转气。脚下淌着泥水也顾不得了，只好硬着头皮踩下去。

我们两个挤，挤，挤，离开表哥不过十来步了，要是清静的时候，早就可以面对面招呼起来。忽然听众间

---

① 闩（shuān）：插在门背后，使门推不开的棍子。

起了一阵骚动，那清秀的人的声音立刻显得低沉下去。只听得"保安队！保安队！"这样纷纷地嚷着。

我踮起脚来看。

保安队二十多人，由一个队长带领。束着子弹带。盒子炮挂在腰间。达，达，达，泥浆直溅。他们赶走了拥塞在那里的人力车，立定，向左转，少息，和大学生的队伍恰正对面。

保安队带来了不少的新听众。人圈子围得更紧。这使我们再不能推挤人家，移动一步。

听众见保安队没有什么动静，也就静了下来。残雨似的人声渐渐收歇。清秀的人的声音重又管领了这个闹市。他从拿出力量来这一点发挥。他渐渐说到军人方面。哪一种仗毫无道理，不必去打。哪一种仗才有价值，非打不可。

从保安队那边传来了激动的声音："你们的话，我们爱听！我们弟兄中间有好些个，四年前的'一二八'，在上海打过仗呢！"

啊，我永远忘不了那回"一二八"！……我们离开了家，住在旅馆里……早上，轰隆隆，晚上，轰隆隆，天天听炮声……飞机像一群蜻蜓，飞来飞去……妈妈做了棉背心，给打仗的兵士穿……爸爸忙得很，天天跑出跑进……仗打完了，我们回家去看，只见烧了个精光……爸爸在上海没有事情做了，我们才搬到这里来……我永远忘不了那回"一二八"……这队伍里就有当时打过仗的兵士……

我的脑子里正闪过这些想头，只听得第二个保安队队员开口了："我们中间还有东北人，我就是一个。我们东北人听你们的话，最知道斤两。你们的话不错呀，要不然，我们一辈子回不得老家！"

我又踮起脚来看。

东北人和别地人没有什么两样，只是他的脸色更激昂一些。

第三个却气愤地说："回老家！我是不做这个梦了！人家不过热心，爱国，就被关起城门来拒绝，派了队伍来监视。你如果要动手夺回老家，该受什么样的处罚！"

"立正！向右转！开步走！"

不知道为什么，队长忽然喊口令，把保安队带走了。

"拥护参加'一二八'的兵士啊！"

"拥护夺回老家的兵士啊！"

"军民联合起来，一致对外啊！"

一片呼声沸腾起来。手臂的林子在空中摆动。小白旗子矗得更高，拂拂地顺着冷风直飘。

"你怎么了？"我看见弟弟眼睛里有水光，亮晶晶的。

"没有什么，"弟弟说，低下了头。"不知道什么缘故，我觉得心里酸溜溜的。"

我也觉得心里酸溜溜的，但决不是哀伤的酸。

这当儿，人群中起了一种呼叱（hū chì）似的喊声："让开点！让开点！"

我回转头，从人头和人头之间望过去，只见在保安队走去的反对方面排着一队巡警，不知道几时来的，人数比保安队多上一倍的样子。几个巡警离开了队伍，扬起了藤条，在人群中间推撞，呼叱，给一个挂斜皮带的开道。

斜皮带通过了才开又合的人群，来到大学生的队伍前面，自己说明是公安局长。于是听众纷纷移动，把他作为中心，团团围住。

公安局长脸涨得通红，言语不很自然。他问大学生谁是领袖，谁是负责人，为什么干捣乱行为，为什么说捣乱的话。

一个大学生严肃地回答他："我们没有领袖！我们个个都是负责人！我们撞城门，爬城墙，是有的，可是要问为什么把城门关起来！我们说的话，这里许多同胞都听在耳朵里，你可以问他们，有没有一句甚至一个字是捣乱的话！"

听众一个都不响，大家把眼光注射到公安局长身上。

公安局长大概觉得窘了，一只手拨弄着制服的纽扣，喃喃地说："谁关城门！……没有关城门！"

"没有关？此刻满城都知道这件事情了，你会不知道？太把我们当做小孩子了！而且，也损害你局长的尊严！"

"哈哈哈哈……"听众齐声笑起来。

"总而言之，"公安局长动怒了，"我不准你们在城里宣传，你们得立刻出城！"

"抱歉得很，我们不能依你的话。我们有我们的计划，预备在这里耽搁两天。只要有人听我们的，我们还是要宣传。因为我们至少有救国的自由！"

"我们要听你们的！"听众中间迸出爽脆的一声。

"这里有好几处闹市地方，"另一个声音接着，"你们一处一处去宣传啊！"

"你们到城隍庙去啊！"弟弟也提高了小喉咙喊出来，身躯跳了几跳。"城隍庙地方大，人多！"

弟弟从清早起就对巡警起反感，他这样喊出来，报了深仇似的，显出痛快的神色。

"不错，你们到城隍庙去啊！"许许多多的喉咙涌出同一的喊声。

公安局长回转身，嘴里嘟囔着什么，态度十分狼狈。开道的几个巡警也不把藤条扬起了，只把公安局长围在中间，一同挤出了人群。

一些人乐意做向导。大学生的队伍跟着他们，向城隍庙涌去。公安局长不知道哪里去了。巡警的队伍可并不撤退。见大学生走了，他们也就跟上去。

我顿了一顿，立即牵着弟弟的手，三脚两步往前赶。赶过了大皮鞋铁塌铁塌的巡警的队伍，赶过了兴致勃勃的长袍短服的市民，赶过了沉默前进的藏青呢衣服的人物，我才仰起头热情地喊："表哥！表哥！"

表哥沉吟了一下，这才拍拍我的肩膀，笑着说："明华，想不到是你！呀，你弟弟也在这里！"

弟弟叫了一声"表哥"，仿佛有点儿生分，也就不说什么，只是努力地移动他的两条腿，以免落后。

"我们听了你的演说，"我说，"完完全全，从开头听起。也听了你那位同学的演说。"

"你觉得怎样？"

"同刚才许多人说的一样，觉得你们的话不错。还有一层。平日听先生和爸爸讲一些时事,说救国运动怎样怎样遇到阻碍,我总有点儿不相信。今天可亲眼看见了。那个公安局长,听他的言语,看他的脸色,好像救国运动就是他的仇敌!"

"但是你也亲眼看见了许多听众激昂慷慨的情形。这几天里,我们遇见的听众差不多都是这样。因此知道,虽然有种种的阻碍,救国运动是扑灭不了的!"

"我想城门一定是那公安局长关的。"弟弟自言自语。

"也不必研究是谁关的,"表哥接上说,"总之有人要拒绝我们就是了。"

我问:"表哥,你什么时候到我们家里去?"

"这一回不能去了,"表哥抱歉地说,"我们出来时候约定的,共同过团体生活,谁也不能离开了队伍干自己的私事。"

我感觉很失望。心头模糊地想,这个能言善辩多见多闻的表哥如果到我们家里,我就可以问他种种事情,那多快乐呢!

"你们今晚上住在哪里?"我又问。

"现在还不知道,要等我们的交际员去想法。"表哥笑了一笑,又说:"说不定住在公安局!"

我对于这种泰然的态度非常佩服。

在城隍庙又听了两位大学生的演说。没出什么事。巡警的队伍只做了另一个队伍的陪客。

义务向导又把宣传队领到紫阳街去。我们不去了,和表哥握着手,彼此说了许多声的"再见"。

公园当然不去了。到得家里,我们两个争着告诉妈妈,说表哥到这里来了。

但是妈妈说她已经知道了。

"妈妈,你怎么会知道的?"弟弟惊异地问。

"啊,舅舅上城里来了?"我看见衣架上挂着一根手杖,很粗的藤茎,累累地突出一些节瘢(bān),用熟了,发出乌亮的光,那是舅舅的东西。

"舅舅就为找你们表哥来的。"

于是妈妈告诉我们:舅舅接到表哥的信,说寒假不回家了,为的要去做宣传工作。舅舅认为这事情不妥当,有危险,马上打快信去,叫表兄务必回家。等了几天,不见人到,也没有回音。舅舅才亲自动身,找到学校里。但是人已经出发了。他一路打听过来,知道表哥来在这里,也就追到这里。听说今天早上这里关了城门,不让宣传队进城,他非常着急,来了之后只转了一转,坐也没坐定,就慌忙地跑去了。

"你们想，"妈妈到了儿说，"做父母的对于儿子的爱护，真是什么都不怕牺牲的！舅舅那样的年纪，手头又有许多的事务忙不过来，但是为了儿子，就能不顾一切，冒着冷风冻雪，到各处去奔跑！"

"现在表哥在紫阳街，"弟弟感动地说，"舅舅如果跑得巧，也到紫阳街，就会遇见他了。"

"不过我知道，"我揣度地说，"就是遇见了，表哥也不肯跟了舅舅回去的。"我把表哥说的团体生活的话说给妈妈听，接着把刚才所看见所听见的一切说了个详细。

下午两点钟的时候，舅舅跑来了。酱色的脸上淌着汗，眼珠子突得特别出，我和弟弟叫他也没听见，只是喘吁吁地说："他，他们这批学生，给宪兵看守起来了！"

"在哪里？"我们娘儿三个差不多齐声喊出来。

"在崇德中学！"

舅舅顿了一顿，于是叙述他刚才的经历。

"我坐了一辆人力车各处跑。好容易遇见一队宣传的学生。一个一个细认，可没有阿良在里头。问了才知道，他们共有四队呢。跑了一阵又遇见一队，也不见阿良。这当儿宪兵来了，赶散了闲人，两个对付一个，拉着学生就跑。学生不肯服从，还要宣传，并且叫，骂。这就不客气了，枪柄重重地落在他们的肩背上，腿膀上。你们想，我看着多难过？阿良一定在受同样的灾难啊！"

"他们竟敢打！"我说了这一声，上颚的牙不由得咬住了下唇皮。

"后来我打听明白，"舅舅继续说，"宪兵押着学生往崇德中学去的。我就赶到崇德。宪兵守着门。大批的人在那里看望。他们说押进去四批了。我知道阿良在里头了，急于要看一看他，他给打得怎样了呢？可是宪兵拦住了我，不让我进去！"

"我说我有儿子在里头。唉，他们太不客气了，出口就骂：'你生得好儿子，专会捣乱，还有脸在这里叽叽咕咕缠个不休！'我只得沉住气，告诉他们我预备把儿子领回去，切切实实教训他一顿，叫他往后再不要捣乱。他们不听我说完就摇头，说：'没有上头的命令，谁也不能放你进去，谁也见不着这批捣乱的家伙！'

"我再想和他们情商，他们的枪柄举起来了，他们把我当做学生看待！我这副老骨头也去吃枪柄吗？太冤枉了！这才转身就走。你们想，我心里多难过？明明找到了，只隔着几道墙，他在里边，我在外边，竟不容我见他的面！……"

舅舅再不能说下去了。他在室中绕了个圈子，就像直栽下去似的坐到一把椅子里，两手扶着椅子的靠手，胸部一起一伏非常急促，宛如害肺病的人。他的眼睛瞪视着墙壁，仿佛墙壁上正开映一幕可怕的电影：捆绑，殴打，挣扎，抖动，乃至流血，昏倒……他终于闭上了眼睛，似乎那些景象太可怕了，他不愿而且不敢再看下去。

"事情弄到怎样才了局呢！"妈妈垂下了眼皮，凄然叹息。

"谁知道怎样了局！"舅舅幽幽地说，闭上的眼睛仅仅开了一线。"我早知道这事情不妥当，有危险。他偏不听我的话，一心要去干。谁真个愿意当亡国奴？谁不想烈烈轰轰干救国？可是也得看看风色。国没有救成，先去吃枪柄，受拘禁，这是什么样的算盘！"

椅子上有什么东西刺痛他似的，他忽然站起来，重又在室中绕圈子，同时喃喃地说："你要宣传，回家来对我宣传好了。有什么说的尽说个畅，我总之竖起耳朵听你的。这样，既不会闯事，也过了你的宣传瘾。你为什么不这样做，定要跑到各处去宣传呢？"如果有人在隔壁听，必然以为表哥就站在舅舅面前。

唉，舅舅太误会表哥他们了！他们哪里为了什么宣传瘾？我就替他们辩护："照舅舅的说法，就等于没有宣传呀。宣传是巴望大家真心真意地听，并且吃辛吃苦地干的，所以非各处去跑不可。"

"怎么，"舅舅站住在我面前，睁大了眼睛，"你同阿良倒是一路！"

"今天早上，我和弟弟遇见了表哥。"

"你们遇见了他！"舅舅的脸色显得又妒忌又惶惑，他焦躁地问："你们看见他怎么一副形象？"

"他说来很有精神，很有道理。听的人满街，他们的心都给他说动了。舅舅，要是你也在场，一定会像许多人一样，不只是听了他的就完事。"

"坏就坏在这种地方呀！"舅舅顿着脚说。

"为什么？"弟弟仰望着舅舅的鼓着腮帮的酱色脸。

舅舅不回答，却转个身，走到妈妈面前关切地说："我看两个外甥也不用进什么学校读什么书了。进了学校读了书，仿佛吃了教，自然会有那么一套。你不听见吗？明华的口气已经同阿良是一路了！"

我不知道舅舅什么心肠。同表哥一路不好吗？难道该同公安局长他们一路？他又说我们不用进学校读书了，真是奇怪的话！我不禁有点儿恨他。

舅舅继续说:"这一回我若把阿良弄回去,再也不让他上学了。大学毕业虽然好听,有生发,冒了生命危险去挣它可犯不着,犯不着。我宁可前功尽弃,让他在家里帮我管管事情,做一个乡下平民。名誉上固然差一点儿,但儿子总是儿子,做爷娘的也不必提心吊胆了。"

"啊,我老昏了!"舅舅突然喊起来,一只手按住太阳穴。"为什么不找冯老先生想想法子呢?现在我就去,找冯老先生去!"

电灯亮了,爸爸已经回来,这时候舅舅又来了。满脸的颓唐神色,上气不接下气地说:"又扑个空!扑个空……拿了冯老先生的信赶到崇德……去了……给宪兵押上火车,递解回校去了……还得赶到学校去找他……这只得过了年再说了……我的事务还没料理清楚……明天就是大年夜……末班轮船早已开了……此刻只得雇船回去!"

爸爸劝他不必着急,递解回校,这就不妨事了。又说表哥这样的历练,也是有益的事情。

妈妈请他吃了晚饭再走。

"不吃了。我饱得很——急饱了!跑饱了!此刻马上开船,到家也得十二点了。"

舅舅说罢,提起那根藤手杖,转身就走。我们送他到门首。一会儿,他的背影在街灯的黄光的那边消失了。

檐头滴滴答答挂下融雪的水来。

1936年8月发表